Cymraeg i'r Teulu

CBAC WJEC

Blwyddyn 1
Unedau 1 - 30

Fersiwn y De
South Wales Version

Cwrs Cymraeg safon dechreuwyr i rieni
sydd am ddefnyddio'r Gymraeg â'u plant.
*A beginners' level Welsh course for parents
who want to use Welsh with their children.*

Owen Saer
Pam Evans-Hughes

Rhagair

Foreword

Cymraeg i'r Teulu is a coursebook for parents who want to learn to speak Welsh with children of Foundation Phase age (up to 7 years old). It is suitable for total beginners, or for those who have some previous knowledge of Welsh. There are north Wales and south Wales versions of the course, and the following items will be available:
- Coursebook Entry (parts 1 and 2)
- Homework/Activity book (parts 1 and 2)
- Board games pack
- CD
- Small picture cards
- A4 Flashcards for tutors

The course is made up of 60 units, each designed to last two hours (Entry Part 1: units 1-30; Entry Part 2: units 31-60). Every unit contains new language patterns (highlighted in yellow boxes); structure notes; activities for students to use in class and at home with children; a song and a dialogue. At the end of each unit, there is a vocabulary list to learn before the next lesson. Much of this material is contained on the course CD.

Every seventh unit is a **revision unit**, providing further practice activities for work covered in the previous six units. In some units, you will also find:
- tables summing up language structures that have been covered
- thematic vocabulary banks for you to dip into as and when needed
- reading passages to help bridge the gap between the language learnt in class and the story books you will want to read with your children

- information sections showing how to put your Welsh language skills to use outside class.

The **homework/activity book** has two elements: 1) short, structured writing tasks to help consolidate the vocabulary and patterns learnt in class, which will also help you to assess your progress; 2) enjoyable games to play with your children, again using the language covered in class, but the emphasis here is on fun and communication, not on grammar and accuracy.

The **themes** in *Cymraeg i'r Teulu* are interlinked with those of the Foundation Phase taught at school, making it possible for parents to interact with children on topics they are already familiar with. There are six special units in the course dealing with events and celebrations, such as Christmas, St David's Day and the Urdd Eisteddfod.

The language patterns in *Cymraeg i'r Teulu* are presented in a different order from other Welsh for Adults courses. In common with other courses, simpler, more basic patterns are presented first; however, some patterns usually presented at a later stage have been brought forward due to their usefulness in a child-raising context, such as *Ga' i ...? (May I have ...?), Wyt ti wedi gwneud ...? (Have you done ...?)* and commands. By the end of the course, the main structures in the WJEC Mynediad course will have been covered in this course, so that students can move seamlessly on to the WJEC Sylfaen (Foundation) course.

After completing the course, you will be ready to sit the WJEC *Defnyddio'r Cymraeg: Mynediad*

examination (Using Welsh, Entry Level), if you so wish. While this is not compulsory, many learners find it a useful goal to work towards. The examination is held in a number of venues throughout Wales each autumn and winter. The units towards the end of the coursebook introduce each part of the examination, and practice activities are included. Contact your local Welsh for Adults centre for details.

Certain practice activities in the units are labelled **A**. This means that you will get **credits** for completing those tasks, which count as evidence that you are able to use the patterns and vocabulary you have learnt. The credit system allows your course provider to monitor progress, and also acts as a checklist of what you have achieved and what you need to revise.

Welsh for the Family courses differ from other language courses in one crucial way. Although it is a good idea for any language learner to start using the language outside class straight away, there is absolutely no avoiding it on a Welsh for the Family course. Having the Welsh language around you, spoken by other family members, on television, in children's books and so forth means that you will be exposed to a lot more vocabulary and patterns at an early stage, which can leave you feeling overwhelmed and confused. You will need to adopt a fairly laid back, go with the flow attitude, and ignore all the language that you don't understand yet. Instead, concentrate on learning the core vocabulary and the patterns in the yellow boxes thoroughly. This will make sure you make steady progress, learning the language in a logical order.

Some practical tips

■ Decide each day what you will say in Welsh to your children. Try to use something new every day

■ Stick pieces of paper with vocabulary and phrases on them around your house in places where you will need to say them, e.g. *Wyt ti wedi golchi dy ddwylo? (Have you washed your hands?)* near where you eat meals

■ Carry a little vocab book and/or a CD/mp3 player with you to use when waiting for your children, travelling on the bus etc

■ Don't try to learn too much at once

■ Little and often is the most effective way to learn

Don't worry if...
■ you forget things
■ you make mistakes
■ your children laugh, correct you or answer back in English
■ sometimes you feel progress is slow

Do...
■ attend class as regularly as possible
■ practise with a friend whenever you can
■ listen to the CD often, and do your homework
■ make a point of having fun with your children, in Welsh!

Using the language as much as possible outside class will speed up your progress, and will make using the language with your children all the more enjoyable.

We hope you will enjoy this course, and speak plenty of Welsh!

Pob hwyl – All the best

Cwrs Cymraeg i'r Teulu

Cyhoeddwyd gan CBAC
Noddwyd gan Lywodraeth Cymru

Cymraeg i Oedolion, CBAC
245 Rhodfa'r Gorllewin, Caerdydd CF5 2YX

Argraffwyd gan Wasg Gomer

Argraffiad cyntaf 2011
ISBN 1-86085-666-2
© Hawlfraint: CBAC 2011

Cedwir pob hawl. Ni chaniateir atgynhyrchu unrhyw ran o'r cyhoeddiad na'i chadw mewn cyfundrefn adferadwy, na'i throsglwyddo mewn unrhyw ddull, na thrwy unrhyw gyfrwng electronig, mecanyddol, recordio nac fel arall, heb ganiatâd ymlaen llaw gan berchennog yr hawlfraint.

I gael rhagor o wybodaeth am adnoddau eraill ar gyfer Cymraeg i'r Teulu, cysylltwch â:
Cymraeg i Oedolion,
CBAC, 245 Rhodfa'r Gorllewin, Caerdydd CF5 2YX
cymraegioedolion@cbac.co.uk

Welsh for the Family course

Published by WJEC
Sponsored by the Welsh Government

Welsh for Adults, WJEC
245 Western Avenue, Cardiff CF5 2YX

Printed by Gomer Press

First impression 2011
ISBN 1-86085-666-2
© Copyright: WJEC 2011

All rights reserved. No part of this book may be reproduced, stored in a retrieval system, or transmitted, in any form or by any means, electronic, mechanical, recording or otherwise, without clearance from the copyright holder.

For more information about other Welsh for the Family resources, contact:
Welsh for Adults
WJEC, 245 Western Avenue, Cardiff CF5 2YX
welshforadults@wjec.co.uk

Cydnabyddiaeth
Acknowledgements

Awduron: *Authors:*	Owen Saer a Pam Evans-Hughes
Rheolwr y project: *Project Manager:*	Emyr Davies
Golygydd: *Editor:*	Mandi Morse
Dylunydd: *Designer:*	Olwen Fowler
Arlunydd: *Illustrator:*	Brett Breckon

Diolch i'r tiwtoriaid fu'n peilota'r cwrs a phanel monitro Cymraeg i'r Teulu.
The publishers wish to thank the tutors who piloted the course and the Welsh for the Family monitoring panel.

Diolch hefyd i:
Thanks also to:

Cymdeithas Alawon Gwerin Cymru, yr Urdd, Mudiad Ysgolion Meithrin, Mentrau Iaith Cymru, TWF.

Ffotograffau / *Photographs*:
Cyffredinol / *General:* iClipart, shutterstock
Llun rygbi, uned 10 / *rugby photograph, unit 10* - Chris Hellyar
Lluniau crefyddau, uned 11 / *religious photographs, unit 11* - Mikhail Levit, Tony Magdaraog, Gina Smith, Gmwnz.

Cynnwys
Contents

Bore da, Mrs Jones - sut dych chi?

Good morning, Mrs Jones - how are you?

Themâu: rhifo, yr ysgol
Themes: counting, school

Content:
- *basic greetings*
- *introductions*
- *counting*

1. Cyfarch
Greeting

Helo!	*Hello!*
Shwmai!	*Hi!*
Bore da	*Good morning*
P'nawn da	*Good afternoon*
Noswaith dda	*Good evening*

2. Cyflwyno
Introductions

Miriam dw i	*I'm Miriam*
Mr Jones dw i	*I'm Mr Jones*
Chris	*Chris*
Pwy wyt ti?	*Who are you?*
Pwy dych chi?	

nodiadau
notes

■ *P'nawn da* is more often used than the full form, *prynhawn da*

■ Welsh has two ways of saying 'you'. *Ti* is used when speaking to one person you are on friendly and familiar terms with, or who is younger than yourself, e.g. a family member, classmate, child or pet. *Chi* is used when speaking to an adult stranger, to somebody considerably older than yourself, or to somebody of high status such as a headteacher. When speaking to more than one person (child or adult), always use *chi*.

3. Sut wyt ti?
How are you?

Sut wyt ti?	*How are you?*
Sut dych chi?	
Da iawn, diolch	*Fine, thank you*
Gweddol	*So-so*
Wedi blino	*Tired*
Ofnadwy!	*Terrible!*

4. Rhifo
Counting

0	dim		
1	un	6	chwech
2	dau	7	saith
3	tri	8	wyth
4	pedwar	9	naw
5	pump	10	deg

Sut wyt ti?

Da iawn, diolch! gweddol! Wedi blino! Ofnadwy!

Ymarfer: symiau syml
Practice: simple sums

Beth yw 4 a 2?
What's 4 and 2?

7

Na, dim 7
No, not 7.

6

Ie, da iawn ti!
Yes, well done!

Try a couple of sums like these with your partner.

Yr Wyddor Gymraeg
The Welsh Alphabet

a	b	c	ch	d
dd	e	f	ff	g
ng	h	i	j	l
ll	m	n	o	p
ph	r	rh	s	t
th	u	w	y	

- *Many Welsh letters and sounds are similar to English ones. You will find Welsh spelling surprisingly regular once you have learnt a few simple rules.*

- *k, q, v, x and z are not in the Welsh alphabet. Other letters are used to spell these sounds.*

- *There are eight letters which are not in the English alphabet. These are shown in red.*

Seiniau'r Gymraeg: llafariaid hir a byr
Welsh sounds: long and short vowels

- *Whereas English has five vowels, Welsh has seven:*
  a   e   i   o   u   +   w   y

- *Long vowels sometimes have a ^ over them. This is called a circumflex, or a **to bach** (little roof).*

- *Listen to the words below a few times before repeating them. Don't worry about their meaning: just try to imitate the sounds closely.*

	hir *long*	**byr** *short*
a	mab, sâl, tad, Taf	pan, dal, cam, tap
e	te, hen, cês, grêt	pen, del, pert, er
i	ci, pib, pig, mil	bin, nid, ing, dim
o	do, jôc, bod, bodd	doc, dol, pont, os
u	tu, hud, pur, un	tun, thus, pump, punt
w	twf, cŵn, dŵr	fflwff, gwn, cwm
y	tŷ, hyd, cryf, bys	syn, byr, hyn, ffyn
y	y	yn, yr, ym, dy

Deialog
Dialogue

Athro/Athrawes:	**Bore da! Miss Williams** dw i. Pwy **wyt ti**?
Plentyn *(child)*:	**Bore da, Miss Williams. Gwynfor** dw i.
Athro/Athrawes:	Sut **wyt ti**, **Gwynfor**?
Plentyn:	**Da iawn**, diolch. A **chi**?
Athro/Athrawes:	**Dw i wedi blino**!

*Swap the words in **bold** for other names and expressions you have learnt.*

 ## Cân
Song

Tune: Frère Jacques

Bore da, **bore** da.
Sut **wyt ti**? Sut **wyt ti**?
Da iawn, diolch. Da iawn, diolch.
Sut **wyt ti**? Sut **wyt ti**?

Canwch hi sawl tro, gan
amrywio'r cyfarchion a'r atebion.
*Sing the song a few times,
changing the greeting and
the answer each time.*

*Revise the unit, learning
the new words and phrases
thoroughly before moving on.*

athrawes   plentyn

Geirfa Uned 2
Vocabulary for Unit 2

Learn the vocabulary below for the next session. Red items are feminine, blue ones are masculine (this will be explained later).

Bwyd a diod	*Food and drink*
brechdan(au)	*sandwich(es)*
cacen siocled	*chocolate cake*
cawl	*soup (Welsh broth)*
caws	*cheese*
cig	*meat*
dŵr	*water*
ffrwyth(au)	*fruit*
hufen iâ	*ice cream*
iogwrt	*yoghurt*
llaeth	*milk*
llysiau	*vegetables*
sudd oren	*orange juice*
tatws	*potatoes*
tost	*toast*
ŵy	*egg*

Beth wyt ti eisiau i frecwast?

What do you want for breakfast?

Themâu: bwyd a diod
Themes: food and drink

Content:

- *expressing what you want*
- *expressing what you don't want*

1.

Dw i eisiau iogwrt	*I want yoghurt*
Dw i eisiau sudd oren	*I want orange juice*
Dw i eisiau ŵy	*I want an egg*
Dw i eisiau tost a jam	*I want toast and jam*

2.

Dw i ddim eisiau caws	*I don't want cheese*
Dw i ddim eisiau dŵr	*I don't want water*
Dw i ddim eisiau cawl	*I don't want soup*
Dw i ddim eisiau cyrri a reis	*I don't want curry and rice*

3.

Wyt ti eisiau tatws?	Ydw, plîs!	*Do you want potatoes?*	*Yes, please!*
Wyt ti eisiau llysiau?	Nac ydw. Dim diolch	*Do you want vegetables?*	*No, thanks*
Dych chi eisiau hufen iâ?	Nac ydw. Dim diolch	*Do you want ice cream?*	*No, thanks*
Dych chi eisiau cacen siocled?	Ydw, plîs!	*Do you want chocolate cake?*	*Yes, please!*

nodiadau
notes

■ *Eisiau* is normally pronounced *ishe*.

■ In south Wales, *moyn* is often used instead of *eisiau*.

■ There are many ways of saying *yes* and *no* in Welsh. *Ydw* = yes, I do / I am. *Nac ydw* = no, I don't / I'm not.

■ In the same way as *I do not* becomes *I don't* in English, *nac ydw* is usually shortened to *na'dw* in conversation.

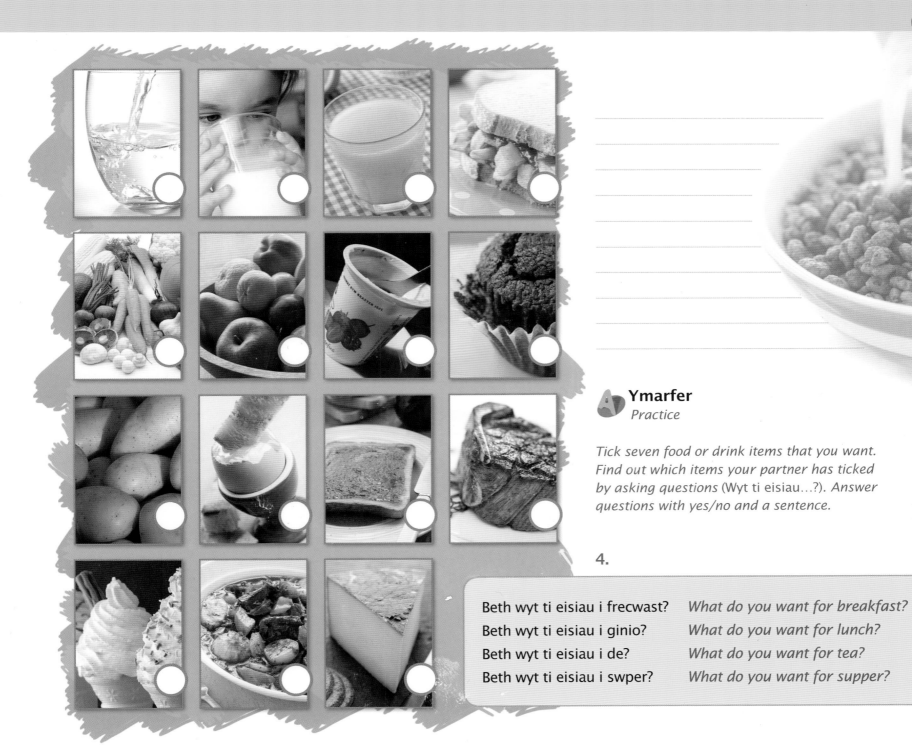

Ymarfer
Practice

Tick seven food or drink items that you want. Find out which items your partner has ticked by asking questions (Wyt ti eisiau...?). Answer questions with yes/no and a sentence.

4.

Beth wyt ti eisiau i frecwast?	*What do you want for breakfast?*
Beth wyt ti eisiau i ginio?	*What do you want for lunch?*
Beth wyt ti eisiau i de?	*What do you want for tea?*
Beth wyt ti eisiau i swper?	*What do you want for supper?*

Ymarfer
Practice

Ask some other students what they want for breakfast, lunch and supper tomorrow. Fill in the grid as you go, following the example.

enw	brecwast	cinio	swper
Linda	iogwrt	brechdan ham	pasta a hufen iâ

Remember to use this pattern at home with your children at mealtimes!

coffi

pizza

cawl tomato

Seiniau'r Gymraeg: cytseiniaid syml
Welsh sounds: simple consonants

Many letters are pronounced the same, or similarly, in Welsh and English. Practise saying the words below.

b	bant, bag, abad	**l**	lemwn, Alun, cul
c [1]	cant, acen, cic	**m**	maneg, emyn, cam
d	da, nid, adio	**n**	nos, tynnu, sôn
f [2]	cof, afal, fel	**p**	pin, epa, pwmp
g [3]	Gareth, bag, egin	**r** [4]	araf, côr, prif
h	hadyn, hyn, hebog	**s** [5]	seren, crys, isel
j	jeli, garej, Jac	**t**	tân, ato, twt

c [1] *always hard, as in **cat** – never soft, as in **ice***
f [2] *always as in **of**, never as in **off***
      *It is always pronounced **v***
g [3] *always hard, as in **big** – never soft, as in **general***
r [4] *always pronounced, even after a vowel*
s [5] ***s + i** together become **sh** when followed by another vowel, as in **Siân, Siôn, sied, siŵr***

Deialog
Dialogue

Rhiant: **Bore da**, cariad. Wyt ti eisiau **sudd oren i frecwast**?

Plentyn: Dim diolch. Dw i ddim eisiau **sudd oren**. Ych-a-fi!

Rhiant: Na? Beth wyt ti eisiau, 'te?

Plentyn: Dw i eisiau **banana**.

Rhiant: Iawn. Dyma ti, cariad.

Plentyn: Mmm. Blasus iawn!

Rhiant: O, **merch dda**. Un arall?

Ych-a-fi!	*Yuck!*
Dyma ti, cariad	*Here you are, love*
Blasus iawn!	*Very tasty!*
Merch dda!	*Good girl!*
Bachgen da!	*Good boy!*
Un arall?	*One more?*

hufen iâ

🎵 Cân
Song

Beth wyt ti eisiau i frecwast?

Beth wyt ti eisiau i **frecwast**?
Beth wyt ti eisiau i **frecwast**?
Dw i eisiau **tost a jam**.
Dw i ddim eisiau **iogwrt**.

Sing it again, substituting these words:

2. brecwast - Weetabix - llysiau
3. cinio - llaeth a ffrwyth - tatws
4. swper - tost ac ŵy - brechdan

Geirfa Uned 3
Vocabulary for Unit 3

Learn the vocabulary below for the next session.

bwyta	*to eat*
chwarae (gêm, pêl-droed, pêl-fasged)	*to play (a game, football, basketball)*
coginio	*to cook*
cysgu	*to sleep*
dawnsio	*to dance*
edrych ar y teledu	*to watch television*
gweithio yn y tŷ	*to work at home*
mynd am dro	*to go for a walk*
rhedeg	*to run*
sgipio	*to skip*
siarad ar y ffôn	*to talk on the phone*
yfed	*to drink*
dim byd	*nothing*
heddiw	*today*
(y)fory	*tomorrow*

Pwy yw e? Beth mae e'n wneud?

Who's he? What's he doing?

Thema: hamdden
Theme: leisure

Content:

- *talking about what you and others are doing*
- *asking who people are*
- *days of the week*

1.

Dw i'n yfed llaeth	*I'm drinking milk*
Dw i'n mynd am dro	*I'm going for a walk*
Dw i'n siarad ar y ffôn	*I'm talking on the phone*
Dw i'n chwarae pêl-droed	*I'm playing football*
Beth wyt ti'n wneud?	*What are you doing?*
Beth dych chi'n wneud?	

2.

Pwy yw e?	Jac	*Who's he?*	*Jack*
Pwy yw e?	Sam Tân	*Who's he?*	*Sam Tân*
Pwy yw hi?	Lisa	*Who's she?*	*Lisa*
Pwy yw hi?	Sali Mali	*Who's she?*	*Sali Mali*

3.

Mae e'n cysgu	*He's sleeping*
Mae e'n coginio	*He's cooking*
Mae hi'n dawnsio	*She's dancing*
Mae hi'n rhedeg	*She's running*
Beth mae e'n wneud?	*What is he doing?*
Beth mae hi'n wneud?	*What is she doing?*

nodiadau
notes

■ *Sali Mali* and *Sam Tân* are well-known characters appearing in Welsh language books and on S4/C.

■ Patterns 2 and 3 are useful when reading with children. Ask plenty of questions to involve them in the story. This will help develop their language skills.

■ Notice the *'n* after the person in patterns 1 and 3. There is no *'n* in sentences with *eisiau*.

■ You will see the full form *Beth mae e'n ei wneud?* in children's books. The *ei* in this pattern is usually omitted in spoken language.

Ymarfer
Practice

a. Look at the pictures. Use patterns 2 and 3 on the previous page to ask who's who, and what they are doing.
b. Cover the top half of the picture. Can you remember who is who? Use pattern 2.
c. Cover the bottom half of the picture. Can you remember what each child is doing? Use pattern 3.

d. Using the patterns in block 1, 'phone' your partner to ask what he / she is doing. Give as many different answers as you can.

Aled   Simone   Bethan   Jac   Huw   Ann   Megan   Rhys   Nia

Hei! Beth wyt ti'n wneud?

Try these activities at home with your child.

4. Dyddiau'r wythnos
Days of the week

Dydd Llun	*Monday*
Dydd Mawrth	*Tuesday*
Dydd Mercher	*Wednesday*
Dydd Iau	*Thursday*
Dydd Gwener	*Friday*
Dydd Sadwrn	*Saturday*
Dydd Sul	*Sunday*

 **Ymarfer**
Practice

Ask some other students about their forthcoming plans.
Fill in the grid as you go.

Beth wyt ti'n wneud heddiw?   Dw i'n edrych ar y teledu
Beth dych chi'n wneud dydd Mawrth?   Dw i'n dysgu Cymraeg

enw *name*			
heddiw			
fory			
dydd			
dydd			
dydd			

Seiniau'r Gymraeg: cytseiniaid dwy lythyren
Welsh sounds: two-letter consonants

Some of these are different to English sounds and spellings, so take your time to get used to them. Note that these count as a single letter, so the word **ffydd** *has only three letters (ff-y-dd). This is important to remember when doing a crossword. Also, in a Welsh dictionary,* **ch** *comes after* **c**, *so* **chwarae** *will be after* **cofio**.

Letter	Examples	Closest English sound
ch	coch, chi, uchel	*Snoring!*
dd	Dafydd, Adda, naddo	*That, other, with*
ff	Ffion, Offa, cloff	*(Same as English ff)*
ng	cangen, Bangor, ing	*Singer, occasionally finger*
ll	llo, allan, coll	*Blow as you say* l *!*
ph	a pherson, na phen	*(Same as English ph)*
rh	Rhian, rhwd, rhad	*Blow as you say* r *!*
th	a thŷ, peth, cathod	*Thistle, never that*

Deialog
Dialogue

Rhiant:	Beth wyt ti'n wneud heddiw, **Rhodri**?
Plentyn:	Dw i'n **chwarae pêl-fasged**.
Rhiant:	Iawn, cariad. Wyt ti eisiau **brechdanau**?
Plentyn:	Dim diolch. Dw i'n mynd i ***Burger King*** gyda Jac.
Rhiant:	Mm. Dyma ti, **banana**.
Plentyn:	Diolch, **Mam**.

 ## Cân Beth wyt ti'n wneud?
Song

1. Beth **wyt ti**'n wneud?
    Beth **wyt ti**'n wneud?
  Dw i'n **mynd am dro**.
    Dw i'n **mynd am dro**.
  Beth **wyt ti**'n wneud?
    Beth **wyt ti**'n wneud?
  Dw i'n **mynd am dro**.
    Dw i'n **mynd am dro**.

Sing it again, substituting these words:

2. siarad ar y ffôn
3. yfed llaeth
4. chwarae pêl-droed

TIP
*If you have pictures of the items in the songs,
point at them or hold them up as you say them.
This helps the memory, as well as making it more fun.*

Darllen gyda'ch plentyn
Reading with your child

*Try to get a copy of whatever book
your child is currently reading at
nursery or at school, and read it
together. You may find it helpful
to read through the book yourself
beforehand. Use the phrases below,
if they fit the story.*

Wel, wel!	*Well, well!*
Dyna hyfryd!	*How lovely!*
Dyna ofnadwy!	*How terrible!*
Dyna hwyl!	*What fun!*

Geirfa Uned 4

actor / actores	*actor (male / female)*
ffermwr	*farmer*
mecanic	*mechanic*
nyrs/nyrs	*nurse*
plismon	*policeman*
plismones	*policewoman*
arlunydd	*artist*
athro / athrawes	*teacher (male / female)*
cogydd	*cook*
dawnsiwr	*dancer*
meddyg / doctor	*doctor (medical)*
menyw ginio	*dinner lady*
plant	*children*
garej	*garage*
siop	*shop*
stiwdio	*studio*
tŷ bwyta	*restaurant*
ysbyty	*hospital*
ysgol	*school*

Mae'r doctor yn gweithio yn yr ysbyty

The doctor works in the hospital

Thema: gwaith
Theme: work

Content:

- *occupations*
- *workplaces*
- *who's who*
- *where they work*

1.

Nyrs yw e?	Ie. Nyrs yw e	*Is he a nurse?*	*Yes. He's a nurse*
Ffermwr yw e?	Nage. Dim ffermwr yw e	*Is he a farmer?*	*No. He isn't a farmer*
Athrawes yw hi?	Ie. Athrawes yw hi	*Is she a teacher?*	*Yes. She's a teacher*
Mecanic yw hi?	Nage. Dim mecanic yw hi	*Is she a mechanic?*	*No. She isn't a mechanic*

2.

Mae e'n gweithio yn y theatr	*He works in the theatre*
Mae e'n gweithio yn yr ysbyty	*He works in the hospital*
Mae hi'n gweithio mewn garej	*She works in a garage*
Mae hi'n gweithio mewn siop	*She works in a shop*
Ble mae e'n gweithio?	*Where does he work?*
Ble mae hi'n gweithio?	*Where does she work?*

nodiadau
notes

■ Use *Ie* or *Nage* to answer any question that **doesn't** start with a **verb**.

■ *Mae e'n gweithio* can mean either *he works* or *he is working*.

Ymarfer
Practice

Match the people with their workplaces. Use patterns 1 and 2.

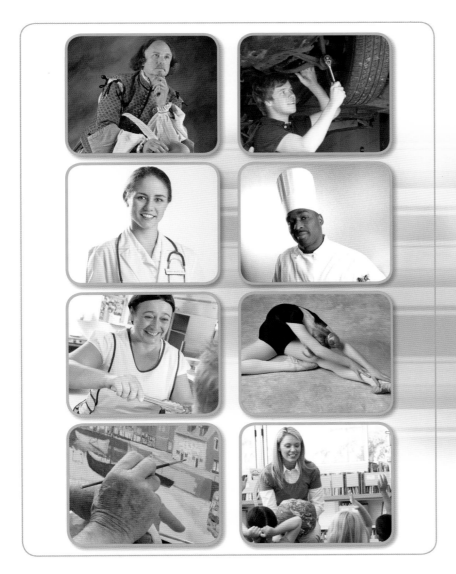

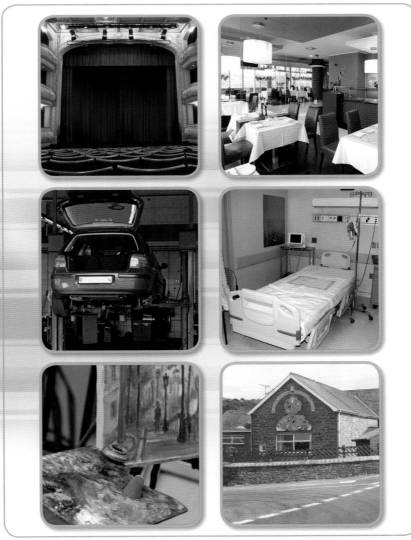

3.

Ydy e'n gweithio yn y tŷ bwyta?	*Does he work in the restaurant?*
Ydy hi'n gweithio mewn ysgol?	*Does she work in a school?*
Ydy e'n coginio?	*Does he cook?*
Ydy hi'n dawnsio?	*Does she dance?*
Ydy	*Yes, he / she does*
Nac ydy	*No, he / she doesn't*

Ymarfer

Your tutor will give you a picture. Ask some other students about the person, their workplace and their work. Make sure you vary your questions. Some useful words:

actio – *to act*   dysgu – *to teach*   peintio – *to paint*   ffermio – *to farm*

Seiniau'r Gymraeg: ymarfer pellach
Welsh sounds: further practice

a. **Word stress** *normally falls on the last-but-one syllable in Welsh. Notice how the accent shifts in these words.*

O o	o O o
meddyg	meddygfa
brechdan	brechdanau
tegan	teganau
eistedd	eisteddfod
tywyll	tywyllwch
angen	anghenion
chwarae	chwaraeon

b. *Try saying these* **word pairs** *which are identical apart from one sound.*

a	ar
o	o'r
gwyn	gwin
peth	pell
gardd	garth
cyll	cyff
parch	parth
llen	llên
rhwyd	llwyd
sychu	syllu
cyffwrdd	cyffordd

---

nodiadau
notes

■ *Yn y...* means 'in the...'. Welsh doesn't have a word for *a / an*. To say 'in a...', we use *mewn* e.g. *Yn y siop* = in the shop. *Mewn siop* = in a shop

■ *Nac ydy* is usually shortened to *na'dy* in conversation.

Deialog

Mae'r athro'n dangos llun i'r plant.
The teacher shows the children a picture.

Athro:*   Dyma **Mr Evans**. Beth yw **Mr Evans**?

Plentyn: **Arlunydd**.

Athro: Ie. Da iawn. Ble mae **e**?

Plentyn: Mae **e** mewn **stiwdio**.

Athro: Ydy. Mewn **stiwdio**. Beth mae **e**'n wneud?

Plentyn: Mae **e**'n **peintio**.

Athro: Ydy. Nawr, 'te! Dych chi eisiau **peintio**?

*neu Athrawes

 Cân   Nyrs yw John?

1. **Nyrs** yw John? Ie, **nyrs** yw **John**.
   Nyrs yw John? Ie, **nyrs** yw **John**.
   Ble mae **e**'n gweithio? Ble, ble, ble?
   Mae **e**'n gweithio **mewn ysbyty**.

2. Dawnsiwr - Mel - yn y theatr
3. Athro - Rhys - yn yr ysgol
4. Cogydd - Siân - mewn tŷ bwyta

Remember to change e / hi *as needed!*

Geirfa Uned 5

cadw'n heini	to keep fit	gwrando ar	to listen
cerdded	to walk	gerddoriaeth	to music
cwrdd â	to meet	lliwio	to colour in
ffrindiau	friends	mynd allan	to go out
darllen	to read	ar y beic*	on the bike
garddio	gardening	mynd i'r parc	to go to the park
golchi'r llestri	to wash	nofio	to swim
	the dishes	siopa	to shop
		smwddio	to iron
		gyda	with

In south Wales, mas *is often said instead of* allan.

Dyw Nia ddim yn hoffi peintio!

Nia doesn't like painting!

Themâu: hamdden a'r cartref
Themes: leisure and home

Content:

- *likes*
- *dislikes*

1.

Dw i'n hoffi peintio	*I like painting*
Dw i'n hoffi darllen	*I like reading*
Dw i ddim yn hoffi golchi'r llestri	*I don't like washing the dishes*
Dw i ddim yn hoffi edrych ar y teledu	*I don't like watching television*

2.

Mae hi'n hoffi cadw'n heini	*She likes keeping fit*
Mae e'n hoffi siopa	*He likes shopping*
Dyw hi ddim yn hoffi garddio	*She doesn't like gardening*
Dyw e ddim yn hoffi smwddio	*He doesn't like ironing*

3.

Beth wyt ti'n hoffi?	*What do you like?*
Beth dych chi'n hoffi?	*What do you like?*
Beth mae e'n hoffi?	*What does he like?*
Beth mae hi'n hoffi?	*What does she like?*

nodiadau
notes

■ *Lico* is frequently used in place of *hoffi*, especially in informal speech.

■ Here is the third person negative for the first time (*Dyw e / hi ddim*). *Mae* is used in positive sentences, *Dyw* in negative sentences. *Ydy* is used to start a question (see *Uned 4*).

■ Be sure to pronounce clearly the difference between **dw i** ddim and **dyw** hi ddim.

Ymarfer

a. Tell the class what activities you like, and what you dislike. Remember some of the things other class members like and dislike.

b. Use pattern 2 to talk about the following pictures with your partner.

cadw'n heini

chwarae gyda tedi

darllen

edrych ar y teledu

smwddio

bwyta allan

c. Can you remember other class members' likes and dislikes?

> Beth mae Paul yn hoffi?

> Mae e'n hoffi garddio. Dyw e ddim yn hoffi smwddio.

■ Mae Lowri'**n**… Mae Paul **yn**…
Mae e / hi'**n**… Mae Mrs Jones **yn**…

Use **'n** after a vowel, **yn** after a consonant.

4.

Wyt ti'n hoffi chwarae gyda doli?	Nac ydw, ddim o gwbl	*Do you like playing with dolly*	*No, not at all*
Dych chi'n hoffi cerdded?	Ydw, yn fawr	*Do you like walking?*	*Yes, very much*
Ydy e'n hoffi bwyta allan?	Ydy	*Does he like eating out?*	*Yes, he does*
Ydy hi'n hoffi cwrdd â ffrindiau?	Nac ydy	*Does she like meeting friends?*	*No, she doesn't*

Ymarfer

a. *Find a new partner. Ask them about their likes and dislikes, using pattern 4. Ask about their partner's / children's likes and dislikes too.*

b. **Gyda phlentyn**

A friend of your child has come to play. Find out his / her likes and dislikes, and fill in the grid below

	hoffi	ddim yn hoffi
i fwyta?		
i yfed?		
ar y teledu?		

	hoffi wneud	ddim yn hoffi wneud
yn yr ysgol?		
yn y parc?		
amser chwarae?		

Seiniau'r Gymraeg: deuseiniaid

Welsh sounds: diphthongs

Like English, Welsh has pure vowels (covered in Unit 1), and diphthongs. This simply means two vowel sounds together, the first 'gliding' into the second. Many of them are similar to English sounds.

The diphthongs below all finish in the sound i.

ai	All pronounced the same. Similar to English *eye*.	dai, llai, carai, sain,
ae		mae, cael, chwaer, haen
au		cau, parau, parhau, paun
ei	All pronounced the same. Simiar to English *ay* in *May*. Resist the temptation to pronounce them like *y* in *my*.	cei, Meirion, Teilo, gweithio
eu		neu, gwneud, lleuad, ceulo, teulu
ey		teyrnas
oi	All pronounced the same. Similar to English *oy* in *boy*.	cloi, cnoi, ffoi
oe		oer, oed, ddoe, croes
ou		clou, cyffrous
wy	This sound doesn't occur in English. (*Wy* also has other pronunciations. These will be covered later.)	trwy, dwy, bwyd, nwy

Deialog

Bore Sadwrn yn y parc

Tad-cu*:	**Mari, wyt ti**'n hoffi **cerdded**?
Mari:	Ydw, ydw! Dw i'n hoffi **cerdded** yn fawr iawn.
Tad-cu:	Wyt ti eisiau **mynd i'r parc** gyda **Tad-cu** heddiw?
Mari:	Ydw, a **tedi**! Mae **tedi**'n hoffi **cerdded**, hefyd.
Tad-cu:	O, ydy **tedi**'n **cerdded**? Dyna ffantastig.
Mari:	Ydy, wrth gwrs!

* neu Mam-gu

 Cân Beth wyt ti'n hoffi?

Beth wyt ti'n hoffi? Beth wyt ti'n hoffi?
Dw i'n hoffi **peintio.**
Wyt ti'n hoffi **peintio?** Wyt ti'n hoffi **peintio?**
Ydw, ydw'n fawr iawn.

darllen, smwddio, siopa ...

Geirfa Uned 6

chwarae gemau bwrdd	*to play board games*
darllen stori	*to read a story*
rhedeg o gwmpas	*to run around*
sgïo	*to ski*
tacluso	*to tidy up*
ysgrifennu	*to write*
bowlio deg	*ten-pin bowling*
chwaraeon	*sports, games*
ffrâm ddringo	*climbing frame*
iard yr ysgol	*the school yard*
llithren	*slide*
siglen	*swing*
si-so	*see-saw*
pwdin	*pudding*
pysgodyn	*fish*
sglodion	*chips*
heno	*tonight*

Dyn ni'n cael pwdin heno!

We're having pudding tonight!

Themâu: hamdden, bwyd a diod
Themes: leisure, food and drink

Content:

- *what we are doing*
- *what they are doing*

1. Mae'n hanner tymor! Beth dyn ni'n wneud?
It's half term! What are we doing?

Dyn ni'n rhedeg o gwmpas y parc	*We're running around the park*
Dyn ni'n chwarae bowlio deg	*We're playing ten-pin bowling*
Dyn ni ddim yn mynd i'r ysgol	*We're not going to school*
Dyn ni ddim yn ysgrifennu	*We're not writing*

2.

Maen nhw'n chwarae ar y llithren	*They're playing on the slide*
Maen nhw'n darllen stori	*They're reading a story*
Dyn nhw ddim yn sgïo	*They're not skiing*
Dyn nhw ddim yn tacluso	*They're not tidying up*

3.

Ydyn ni'n cael pysgodyn i frecwast?	Ydyn	*Are we having fish for breakfast?*	*Yes, we are*
Ydyn ni'n cael sglodion i ginio?	Nac ydyn	*Are we having chips for lunch?*	*No, we're not*
Ydyn nhw'n cael cawl i swper?	Ydyn	*Are they having soup for supper?*	*Yes, they are*
Ydyn nhw'n cael pwdin heno?	Nac ydyn	*Are they having pudding tonight?*	*No, they're not*

---

nodiadau
notes

■ *Ydyn* = Yes, they do *or* Yes, they are
Nac ydyn = No, they don't *or* No, they aren't.

■ *Nac ydyn* is usually shortened to *na'dyn* in conversation.

Ymarfer

a. Beth dych chi'n wneud gyda'ch plentyn/plant dros hanner tymor ?
   Beth dych chi ddim yn wneud? (Patrwm 1/*pattern 1*)

b. Put a ✔ *next to the activities you like, and a* ✘ *next to the ones you dislike. Compare with your partner, and see how many* Dyn ni'n hoffi / Dyn ni ddim yn hoffi *sentences you can say.*

tacluso   chwarae gemau   sgio   darllen stori   siopa

ysgrifennu   smwddio   cadw'n heini   coginio   chwarae bowlio deg

4.

Maen nhw'n hoffi chwarae rygbi	*They like playing rugby*
Maen nhw'n hoffi gwrando ar gerddoriaeth	*They like listening to music*
Dyn nhw ddim yn hoffi cysgu	*They don't like sleeping*
Dyn nhw ddim yn hoffi chwarae golff	*They don't like playing golf*
Beth maen nhw'n hoffi wneud?	*What do they like doing?*

Ymarfer

Try out pattern 4 with these pictures.

Seiniau'r Gymraeg: deuseiniaid

Welsh sounds: diphthongs

We continue the last unit's work on diphthongs. This time, we concentrate on diphthongs which finish in the sound w.

aw	Similar to English *ow* in *cow*.	daw, cawl, caws, llawen,
ew	This sound doesn't occur in English.	ewch, tew, Dewi, llew
ow	Similar to English *ow* in *slow*.	brown, down, clown, Owen
iw	All pronounced the same. This sound doesn't occur in English.	diwedd, lliw, piws, gwiw
uw		duw, uwch, buwch, Huw,
yw		byw, yw, llyw, clyw

You will come across exceptions to the pronunciation guidelines on this course. Not all Welsh speakers pronounce sounds the same way; there are variations due to dialect, formality and so forth. You will gradually tune in to these differences.

Deialog

Yn y tŷ

Plentyn: Mam, ydyn ni'n cael **sglodion** i ginio heddiw?

Rhiant: Nac ydyn.

Plentyn: Wel, ydyn ni'n cael **sglodion** i de?

Rhiant: Nac ydyn, cariad.

Plentyn: O Mam! Ydyn ni'n cael **sglodion** i swper 'te?

Rhiant: Nac ydyn, cariad! Dyn ni ddim yn cael **sglodion** o gwbl heddiw. Sori!

 Rap

Mae hi'n hoffi chwarae ar y si-so yn y parc

Mae hi'n hoffi chwarae ar y si-so yn y parc,
    ar y si-so yn y parc, ar y si-so yn y parc,
Mae hi'n hoffi chwarae ar y si-so yn y parc,
    chwarae ar y si-so yn y parc.

2. Mae e'n hoffi dringo ar y bariau yn y parc
3. Maen nhw'n hoffi chwarae ar y llithren yn y parc
4. Dyw hi ddim yn hoffi darllen comics yn y parc
5. Dyw e ddim yn hoffi bwyta jeli yn y parc
6. Dyn nhw ddim yn hoffi mynd am dro yn y parc

Geirfa Uned 7

canu	to sing		
glanhau'r tŷ	to clean the house		
gyrru	to drive		
(y)molchi	to wash oneself	afal	apple
pysgota	to fish	bacwn	bacon
		bara menyn	bread and butter
ar fferm	on a farm		
gyrrwr bws	bus driver	bisged(i)	biscuit(s)
gyrrwr tacsi	taxi driver		

Uned Adolygu

uned 1

1. Helo! Shwmai! Bore da! Pnawn da! Noswaith dda!
2. Pwy wyt ti? **Mike** dw i
3. Sut dych chi? Da iawn, diolch. Gweddol.
   Wedi blino. Ofnadwy
4. Cyfri 0 - 10
   Beth yw **1 a 3**? **5.** Ie / Nage

uned 2

1. Dw i eisiau **tost**
2. Dw i ddim eisiau **llaeth**
3. Wyt ti eisiau **oren**?
   Dych chi eisiau **coffi**? Ydw / Nac ydw
4. Beth wyt ti eisiau i **frecwast**?

uned 3

1. Dw i'n **yfed llaeth**.
   Beth wyt ti'n wneud?
   Beth dych chi'n wneud?
2. Pwy yw e / hi?
3. Mae e / hi'n **cysgu**.
   Beth mae e'n wneud?
   Beth mae hi'n wneud?
4. Dydd Llun, dydd Mawrth…

uned 4

1. **Nyrs** yw e? Ie. Nyrs yw e
   Athrawes yw hi? Nage. Dim **athrawes** yw hi
2. Mae e'n gweithio yn y **theatr**
   Mae hi'n gweithio **mewn ysgol**
   Ble mae e / hi'n gweithio?
3. Ydy e'n **dysgu**?
   Ydy hi'n **coginio**? Ydy / Nac ydy

uned 5

1. Dw i'n hoffi **peintio** Dw i ddim yn hoffi
   cadw'n heini
2. Mae e / hi'n hoffi siopa Dyw e / hi ddim yn
   hoffi **darllen**
3. Beth wyt ti'n hoffi?
   Beth dych chi'n hoffi?
   Beth mae e / hi'n hoffi?
4. Wyt ti'n hoffi **garddio**?
   Ydy e / hi'n hoffi **smwddio**? Ydy / Nac ydy

uned 6

1. Dyn ni'n **sgïo** Dyn ni ddim yn **tacluso**
2. Maen nhw'n **ysgrifennu** Dyn nhw ddim yn **darllen**
3. Ydyn ni'n **rhedeg**? Ydyn / Nac ydyn
   Ydyn nhw'n **chwarae**? Ydyn / Nac ydyn
4. Maen nhw'n hoffi **siopa**
   Dyn nhw ddim yn hoffi **coginio**
   Beth maen nhw'n hoffi wneud?

Gweithgareddau Adolygu
Revision Activities

uned 1

Find a partner. Greet and ask each other how you are many times, until you run out of answers.

Next, try some simple sums. If you feel ready to venture up to twenty:

11 – un deg un   12 – un deg dau   13 – un deg tri
...and so on up to...   20 – dau ddeg

uned 2

Take it in turns to say you want to do the things pictured. Everything your partner says he/she wants to do, say you don't want to do it!

Add a few more activities.

uned 3

Ask each other if you want to do certain things on certain days of the week, and answer in full sentences. Fill in the grid accordingly.

dydd	gweithgaredd *activity*	✔ neu ✗ (eich partner)
Llun	*coginio*	✗
Mawrth		
Mercher		
Iau		
Gwener		
Sadwrn		
Sul		

uned 4

What are they, where do they work, and what do they do?
Ask as many questions as you can about each person pictured.

uned 5

How many food and drink items can you remember in Welsh?
Make a list with your partner. Then, ask each other whether you
like some of them, answering with a full sentence each time.

_____

_____

_____

_____

_____

_____

uned 6

Partner 1: cover the other grid. Ask whether the children
named like the activities, and fill the empty boxes with
😊 *or* 🙁 *accordingly.*

partner 1	Jen a Tom	Lucy a Ben	Chris a Carl
bowlio deg	😊		🙁
nofio		😊	
dawnsio			😊
chwarae gemau bwrdd	🙁		🙁
darllen storïau		😊	

Partner 2: cover the other grid. Ask whether the children
named like the activities, and fill the empty boxes with
😊 *or* 🙁 *accordingly.*

partner 2	Jen a Tom	Lucy a Ben	Chris a Carl
bowlio deg		😊	
nofio	🙁		🙁
dawnsio	🙁	😊	
chwarae gemau bwrdd		😊	
darllen storïau	😊		🙁

dechrau →

Count from 10 down to 0 (yn Gymraeg!)	Beth yw saith a dau?	Beth yw eich rhif ffôn chi?

Say one thing you want to eat, one thing you don't.

Wyt ti eisiau iogwrt i ginio?

Find out what your partner wants for breakfast tomorrow.

Beth dych chi a'r teulu'n gael i swper heno?

Name the days of the week.

Ydy eich teulu chi'n hoffi rygbi?

Trac adolygu

Beth dych chi'n wneud dydd Sadwrn?

Beth yw They're not going to school yn Gymraeg?

Point at somebody in the room, say who it is and what they're doing.

Beth yw He doesn't like running yn Gymraeg?

Beth dych chi'n hoffi wneud dydd Sadwrn a dydd Sul?

Wyt ti'n hoffi bwyta allan?

Beth mae athro'n wneud?

Ask your partner whether he/she works.

Ble mae nyrs yn gweithio?

Presennol *Bod*
Present tense of to be

Person		Positif		Negyddol (Negative)		Cwestiwn	
Unigol	1st	Dw i'n...	*I am...*	Dw i ddim yn...	*I am not...*	Ydw i'n...?	*Am I...?*
Singular	2nd	Rwyt ti'n...	*You are...*	Dwyt ti ddim yn...	*You are not...*	Wyt ti'n...?	*Are you...?*
	3rd	Mae e/hi'n...	*He/she is...*	Dyw e/hi ddim yn...	*He/she is not...*	Ydy e/hi'n...?	*Is he/she...?*
Lluosog	1st	Dyn ni'n...	*We are...*	Dyn ni ddim yn...	*We are not...*	Ydyn ni'n...?	*Are we...?*
Plural	2nd	Dych chi'n...	*You are...*	Dych chi ddim yn...	*You are not...*	Dych chi'n...?	*Are you...?*
	3rd	Maen nhw'n...	*They are...*	Dyn nhw ddim yn...	*They are not...*	Ydyn nhw'n...?	*Are they...?*

If you studied Welsh at school, you may have learnt slightly different forms, such as Rydw i'n *or* Rwy'n *instead of* Dw i'n. *Although you will encounter various forms in books, the ones above are most commonly used in conversation.*

Geirfa Uned 8

cyfrifiadur	*computer*	codi	*to get up, to pick up*
gwaith cartre(f)	*homework*	colli	*to lose, to miss*
tŷ bach	*toilet*	ennill	*to win*
		ffonio	*to phone*
digon	*enough*	gorffen	*to finish*
eto	*again, yet*	gwisgo	*to get dressed,*
yn barod	*already, ready*		*to put on, to wear*

TIP

Long words are easy to learn if you break them up first, then put them back together.

cyf-rif-ia-dur → cyfrif-iadur → cyfrifiadur

Iaith y dosbarth

Classroom language

It is usual for the tutor to use a lot of English in the early stages of a Welsh course. However, as you proceed through the course, the tutor will gradually move towards using the Welsh language. A number of the words below have already appeared in units 1-7, and you will hear your tutor using them more and more. There is no need to memorise them at this stage.

adolygu	*revision, to revise*	dosbarth	*class*	sillafu	*to spell*
ansoddair	*adjective*	enw	*name, noun*	taflen	*sheet, handout*
ateb(ion)	*answer(s)*	gair	*word*	tiwtor	*tutor*
benywaidd	*feminine*	geirfa	*vocabulary*	treiglad	*mutation*
berf	*verb*	gwers	*lesson*	tudalen	*page*
brawddeg(au)	*sentence(s)*	**gwrywaidd**	*masculine*	uned	*unit*
cwestiwn	*question*	**llenwi bylchau**	*filling the gaps*	**unigol**	*singular*
cwestiynau	*questions*	**lluosog**	*plural*	y dyfodol	*the future*
cwrs	*course*	pâr	*pair*	y gorffennol	*the past*
deialog	*dialogue*	partner	*partner*	y presennol	*the present*
dis	*dice*	sgwrs	*chat, conversation*	**ymarfer**	*practice, to practise*

Here are some useful phrases for you to use:

Mae cwestiwn gyda fi	*I have a question*
Sut mae dweud "lorry" yn Gymraeg?	*How do you say "lorry" in Welsh?*
Dw i ddim yn deall	*I don't understand*
Mae'n flin gyda fi fod yn hwyr	*I'm sorry for being late*
Does dim partner gyda fi	*I don't have a partner*
Dyma fy ngwaith cartref i	*Here's my homework*
Dw i ddim yn gallu dod yr wythnos nesa	*I can't come next week*
Tan yr wythnos nesa	*Until next week*

Wyt ti wedi 'molchi eto?

Have you washed yet?

Themâu: y cartref, yr ysgol, hamdden
Themes: the home, the school, leisure

Content:

- *talking about the recent past*

1.

Dw i wedi 'molchi	*I've washed*
Dw i wedi gorffen	*I've finished*
Dw i ddim wedi cael brecwast	*I haven't had breakfast*
Dw i ddim wedi bwyta'r llysiau	*I haven't eaten the vegetables*

2.

Wyt ti wedi yfed y dŵr?	*Have you drunk the water?*
Wyt ti wedi cael digon?	*Have you had enough?*
Dych chi wedi codi?	*Have you got up?*
Dych chi wedi gwisgo?	*Have you got dressed?*

3.

Rwyt ti wedi cael bath yn barod	*You've had a bath already*
Dych chi wedi tacluso'n barod	*You've tidied up already*
Dwyt ti ddim wedi cysgu eto	*You haven't slept yet*
Dych chi ddim wedi gwneud y gwaith cartre eto	*You haven't done the homework yet*

nodiadau

- *Dw i'n 'molchi* = I'm washing.
- *Dw i wedi 'molchi* = I have washed.

Ymarfer

a. *Say four things you've done today and four that you haven't.*

b. **Gyda'ch plentyn**

Gêm mynd i'r ysgol

- *Throw the dice and get a 1 to move to the first foot. Say* dw i eisiau 1 *before you throw the dice*

- *If you don't get a 1, say* dw i ddim wedi codi eto *and stay where you are*

- *When you get a 1, say* dw i wedi codi *and move to 1*

- *You must throw 1 – 6 in the correct order to be able to move on*

- *The first to reach the school wins.* **Dw i wedi ennill y gêm!**

c. **Gyda'ch partner**

Look at the grid and choose to be either Siân, Lisa, Owen or Steffan. Your partner will do the same. Then, ask one another if you have done the things listed in the grid yet today. Listen to the answers, and guess which character your partner is.

	Siân	Lisa	Owen	Steffan
gwisgo	✔	✔	✔	✔
'molchi	✘	✔	✘	✘
cael te	✘	✘	✔	✔
darllen stori	✔	✘	✘	✘
gwneud y gwaith cartre	✔	✔	✘	✔
bwyta'r siocled	✘	✔	✔	✘

Seiniau'r Gymraeg: adolygu

Welsh sounds: revision

The words below contain some of the sounds covered in previous units.

a) acen, adio, cof, egin

b) uchel, naddo, cyffio, cangen

c) meddygfa, teganau, tywyllwch, chwaraeon

ch) carai, dail, chwaer, parau

d) gweithio, ceir, na chei, lleuad

dd) cloi, troi, lloi, oer

e) dwy, hwyr, trwy, ŵy

f) cawl, llawen, awn, awr

ff) ewch, newydd, tew, pathew

g) piws, Siw, Huw, uwd

4.

Ydy Huw wedi mynd i'r tŷ bach?	Ydy	*Has Huw gone to the toilet?*	*Yes, he has*
Ydy Lowri wedi chwarae ar y cyfrifiadur?	Nac ydy	*Has Lowri played on the computer?*	*No, she hasn't*
Ydyn nhw wedi peintio llun?	Ydyn	*Have they painted a picture?*	*Yes, they have*
Ydy Nia a Nel wedi colli'r gêm?	Nac ydyn	*Have Nia and Nel lost the game?*	*No, they haven't*

Ymarfer   *Get your partner to cover the grid above. Use pattern 4 to find out if he / she can remember who has done what.*

Deialog

Rhiant:	Dwyt ti ddim wedi 'molchi eto.
Plentyn:	Nac ydw, sori.
Rhiant:	Dwyt ti ddim wedi **gwisgo** chwaith.
Plentyn:	Nac ydw, sori.
Rhiant:	Wyt ti wedi **cael brecwast** eto?
Plentyn:	Nac ydw, sori.
Rhiant:	Wel, dere! Dyn ni'n mynd mewn munud.

 Cân Sosban Fach

Mae bys Meri-Ann wedi brifo
A Dafydd y gwas ddim yn iach
Mae'r baban yn y crud yn crio
A'r gath wedi scrapo Joni bach.

Sosban fach yn berwi ar y tân
Sosban fawr yn berwi ar y llawr
A'r gath wedi scramo Joni bach.

Dai bach y sowldiwr
Dai bach y sowldiwr
Dai bach y sowldiwr
A chwt ei grys e mas.

Geirfa Uned 9

aros	to wait, to stay	bloc(iau) pren	wooden block(s)
bihafio	to behave	dillad	clothes
brysio	to hurry	esgid(iau)	shoe(s)
dod	to come	pensil(iau)	pencil(s)
eistedd	to sit (down)	tegan(au)	toy(s)
neidio	to jump	ystafell wely	bedroom
stopio	to stop		
		gynta(f)	first of all
		yn araf	slowly
		yn gyflym	quickly
		ond	but

Dere 'ma, cariad

Come here, love

Themâu: y cartref, yr ysgol, hamdden
Themes: the home, the school, leisure

Content:

- *basic commands*

1. *add* -a / -wch

	ti	chi	
Eistedd	Eistedda!	Eisteddwch!	*Sit (down)!*
Edrych	Edrycha!	Edrychwch!	*Look!*
Siarad	Siarada!	Siaradwch!	*Speak!*
Darllen	Darllena!	Darllenwch!	*Read!*
Gorffen	Gorffenna!	Gorffennwch!	*Finish!*

2. *drop final vowel, add* -a / -wch

	ti	chi	
Bihafio	Bihafia!	Bihafiwch!	*Behave*
Brysio	Brysia!	Brysiwch!	*Hurry up!*
Stopio	Stopia!	Stopiwch!	*Stop!*
Tacluso	Taclusa!	Tacluswch!	*Tidy up!*
Bwyta	Bwyta!	Bwytwch!	*Eat!*

3. *verbs ending in* -ed, -eg
drop the last two letters, add -a / -wch

	ti	chi	
Yfed	Yfa!	Yfwch!	*Drink!*
Cerdded	Cerdda!	Cerddwch!	*Walk!*
Rhedeg	Rheda!	Rhedwch!	*Run!*

4. afreolaidd *(irregular)*

	ti	chi	
Mynd	Cer!	Cerwch / Ewch!	*Go!*
Dod	Dere!	Dewch!	*Come (on)!*
Gwneud	Gwna!	Gwnewch!	*Do / Make!*
Aros	Arhosa!	Arhoswch!	*Wait!*
Chwarae	Chwaraea!	Chwaraewch!	*Play!*
Gwrando	Gwranda(wa)!	Gwrandewch!	*Listen!*

Gyda'ch plentyn

What other commands can Seimon give?

Try the game again with more than one child, using chi *forms.*

Cerdda!

Rheda'n araf!

Stopia!

Mae Seimon yn dweud...

Eistedda!

Dawnsia'n gyflym!

Ti yw Seimon nawr!

41

Tacluso'r ystafell wely

Get your child(ren) to tidy up
the various items on the floor.

Taclusa'r
dillad, plîs!

Tacluswch y
dillad, plîs!

Ynganu
Pronunciation

Enwau lleoedd yng Nghymru
Welsh place names

*Say these place names clearly, giving special attention to the
letter r. Can you match the places with the numbers on the map?*
e.g. Caerdydd yw rhif 13

○ Aberystwyth
○ Caernarfon
○ Abertawe
○ Caerleon
○ Pen-y-bont
○ Aberdaugleddau
○ Dolgellau
○ Dinbych-y-pysgod
○ Llandudno
○ Merthyr
○ Caerfyrddin
○ Llandrindod
○ Porth-cawl
○ Y Trallwng

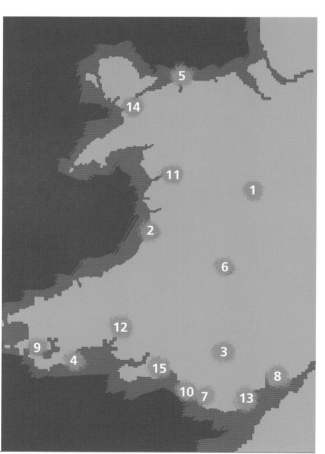

nodiadau ■ *Taclusa'r dillad*   *Tacluswch y dillad*

Y becomes **'r** after a vowel, but not after a consonant.

Deialog

Plentyn: **Mam**! Dw **i a Rhys** eisiau **edrych ar y teledu**.

Rhiant: Iawn. Ond **gwnewch y gwaith cartref** gynta.

Plentyn: Wrth gwrs, **Mam**.

(amser bwyd)

Plentyn: Mm! Dw i eisiau **jeli** i bwdin.

Rhiant: Iawn, cariad. Ond bwyta'r **llysiau** gynta, plîs!

Plentyn: Ych-a-fi! Dw i ddim yn hoffi **llysiau** o gwbl.

Cân

Tôn: *Here we go round the mulberry bush*

Bwyta'n araf, bwyta'n araf,

Bwyta'n araf, bwyta'n araf,

Bwytwch yn araf, bwytwch yn araf,

Bwytwch yn araf.

2. Bwyta'n gyflym   6.Cerdda'n gyflym

3. Yfa'n araf   7. Dawnsia'n araf

4. Yfa'n gyflym   8. Dawnsia'n gyflym

5. Cerdda'n araf

Geirfa Uned 10

diod	*drink*
grawnwinen, **grawnwin**	*grape(s)*
losinen, **losin**	*sweet(s)*
moronen, **moron**	*carrot(s)*
omled	*omelette*
rhiwbob	*rhubarb*
sosej	*sausage*
llyfr	*book*
cael paned	*to have a cuppa*
gofyn cwestiwn	*to ask a question*
gwylio rhaglen	*to watch a programme*
darllen y papur	*to read the paper*
talu	*to pay*
ymlaen ('mlaen)	*forwards, on*
yn ôl ('nôl)	*backwards, back, ago*
anodd	*difficult*

Ga' i afal, plîs?

Can I have an apple, please?

Themâu: bwyd a diod
Themes: food and drink

Content:

- *requesting items*
- *requesting permission to do things*

1.

Ga' i hufen iâ, plîs?	*Can I have ice cream, please?*
Ga' i oren, plîs?	*Can I have an orange, please?*
Ga' i sglodion, os gwelwch chi'n dda?	*Can I have chips, please?*
Ga' i sosej, os gwelwch chi'n dda?	*Can I have a sausage, please?*
Cei / Na chei	*Yes, you can / No, you can't*
Cewch / Na chewch	*Yes, you can / No, you can't*

Ymarfer

Ask for the food and drink items below, and as many more as you can think of.

2. Treiglad Meddal
Soft Mutation

p	→	b	pysgod	→	Ga' i **b**ysgod?
t	→	d	tatws	→	Ga' i **d**atws?
c	→	g	cacen	→	Ga' i **g**acen?
b	→	f	banana	→	Ga' i **f**anana?
d	→	dd	diod	→	Ga' i **dd**iod?
g	→	-	grawnwin	→	Ga' i _rawnwin?
ll	→	l	llysiau	→	Ga' i **l**ysiau?
m	→	f	moron	→	Ga' i **f**oron?
rh	→	r	rholiau bara	→	Ga' i **r**oliau bara?

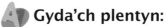 **Gyda'ch plentyn:** Gêm fwrdd 'Ga' i...?'
Board game

You will need a counter each, and a dice. Ask for each item you land on. Your partner will answer cei *when there is a* ✔ *and* na chei *when there is a* ✘. *Each time you get an item, write it in your bag. When you land on a* 😊*, ask for any item you like. The player with the most items in his / her bag after getting to* Gorffen *is the winner.*

Dechrau →
Gorffen ↑

ewch ymlaen 5 →

Ga'i... ?

ewch yn ôl 4 ↑

ewch ymlaen 6 ↑

1.
2.
3.
4.
5.

6.
7.
8.
9.
10.

ewch ymlaen 2 ↓

ewch ymlaen 3 ←

ewch yn ôl 1 →

3.

Ga' i fynd, plîs? — Can I go, please?

Ga' i ddarllen llyfr, plîs? — Can I read a book, please?

Ga' i wylio rhaglen, plîs? — Can I watch a programme, please?

Ga' i ofyn cwestiwn, plîs? — Can I ask a question, please?

Ymarfer

*Tick five activities which you will allow your partner to do.
Ask each other for permission to do them, using* os gwelwch
chi'n dda? *each time.*

Ynganu

Y llythyren 'y' *The letter 'y'*

When **y** *is in the last syllable in a word, it is like* **i** *in* hit.
Elsewhere, it is usually like **u** *in* club.

ymyl	ydyn	tywydd
mynydd	dyffryn	ynys
tywyll	hyfryd	bywyd
ymylon	ymyrryd	tywynnu
mynyddoedd	dyffrynnoedd	ynysoedd
cymylog	bywydau	tywysog

Deialog

Plentyn: **Dad**! Ga' i **bapur lliw**, plîs?

Rhiant: Cei, bach. Dyma ti. Beth wyt ti eisiau wneud?

Plentyn: **Het origami**.

Rhiant: Da iawn ti. Ga' i helpu?

Plentyn: Na chei, **Dad**. Mae'n anodd iawn.

Blociau pren – castell
Lego – ambiwlans
Pensiliau lliw – cerdyn pen-blwydd *(birthday card)*
Paent a brws – llun o'r tŷ

🎵 Cân

Tôn: *Polly, put the kettle on*

Ga' i baent, os gwelwch chi'n dda?
Ga' i baent, os gwelwch chi'n dda?
Ga' i baent, os gwelwch chi'n dda?
Cei. Dyma ti.

glud, dŵr, brws

Geirfa Uned 11

Nadolig **Llawen**!	*Merry Christmas!*
Blwyddyn **Newydd Dda**!	*Happy New Year!*
angel	*angel*
anrheg	*gift, present*
asyn	*donkey*
bugail	*shepherd*
doethion	*wise men*
dyn eira	*snowman*
oen	*lamb*
seren, **sêr**	*star(s)*
Siôn Corn	*Santa Claus*
stabl	*stable*
tocyn	*ticket, token*
Y Baban **Iesu**	*Baby Jesus*
dathlu	*to celebrate*
oddi wrth	*from (a person)*

Banc bwyd a diod

Food and drink bank

This list is for you to dip into as and when needed. There's no need to memorise these words at this stage.

Cymraeg	Saesneg	Cymraeg	Saesneg	Cymraeg	Saesneg
afal	*apple*	cyw iâr	*chicken*	pastai	*pie*
banana	*banana*	darn o…	*a piece of…*	peren	*pear*
bara menyn	*bread and butter*	diod ysgafn	*soft drink*	pinafal	*pineapple*
betys	*beetroot*	dŵr	*water*	pizza	*pizza*
bisgedi	*biscuits*	eirin	*plums*	pupur	*pepper*
blawd	*flour*	eirin gwlanog	*peaches*	pwdin	*pudding*
blodfresych	*cauliflower*	ffa	*beans*	pys	*peas*
brechdan	*sandwich*	ffrwythau	*fruit*	pysgod	*fish*
bresych	*cabbage*	garlleg	*garlic*	reis	*rice*
bwyd Eidalaidd	*Italian food*	grawnffrwyth	*grapefruit*	rhiwbob	*rhubarb*
bwyd Indiaidd	*Indian food*	grawnfwyd	*cereal*	rholiau bara	*bread rolls*
bwyd Prydeinig	*British food*	grawnwin	*grapes*	saim	*fat*
bwyd Tsieineaidd	*Chinese food*	gwin	*wine*	salad	*salad*
bwyd wedi'i rewi	*frozen food*	halen	*salt*	saws	*sauce*
bwyd y môr	*sea food*	ham	*ham*	sglodion	*chips*
bwydydd parod	*prepared meals*	hufen	*cream*	siocled poeth	*hot chocolate*
byrbryd	*snack*	hufen iâ	*ice cream*	siwgr	*sugar*
cacen	*cake*	hwyaden	*duck*	sudd ffrwythau	*fruit juice*
cawl	*soup, Welsh broth*	iogwrt	*yoghurt*	tafell o fara	*slice of bread*
caws	*cheese*	jam	*jam*	tarten	*tart, flan*
ceirios	*cherries*	jeli	*jelly*	tatws	*potatoes*
cennin	*leek*	lemwn	*lemon*	te	*tea*
cig eidion	*beef*	llysiau	*vegetables*	teisen	*cake*
cig moch(yn), bacwn	*bacon*	losin	*sweets*	torth o fara	*loaf of bread*
cig oen	*lamb*	mefus	*strawberries*	tost	*toast*
cnau	*nuts*	melon	*melon*	treiffl	*trifle*
coffi	*coffee*	melysion	*sweets, confectionery*	twrci	*turkey*
creision	*crisps*	moron	*carrot*	uwd	*porridge*
creision ŷd	*cornflakes*	olew coginio	*cooking oil*	whisgi	*whisky*
crempog	*pancakes*	omled, omlet	*omelette*	winwns	*onions*
cwrw	*beer*	oren	*orange*	ŵy	*egg*
cyrri	*curry*	pasta	*pasta*	ysgytlaeth	*milkshake*

Anagramau

Beth yw'r rhain? *What are these?*

gerpcom _____

rantte _____

noslimey _____

huwyffart _____

hyscreb _____

hewandy _____

noodligs _____

sdygop _____

Darllen: Amser swper

Dyma Mr a Mrs Gwyn a'u plant. Tiwtor Cymraeg yw Mr Gwyn, ac actores yw Mrs Gwyn.

Mae Mrs Gwyn yn gweithio yn y stydi, ac mae Mr Gwyn yn coginio swper. Mae'r plant eisiau mynd allan i chwarae.

"Dadi! Gawn ni fynd i'r parc, plîs?"
"Na chewch, cariad, dim nawr. Dyn ni'n cael swper mewn pum munud."
"Iawn. Gawn ni edrych ar y teledu, 'te?"
"Dych chi wedi gwneud y gwaith cartref eto?"
"O, na!"
"Gwnewch e nawr, plîs. Dyna blant da."

Dyw'r plant ddim eisiau gwneud y gwaith cartref, wrth gwrs. Mathemateg yw e, ac mae e'n ddiflas.

Heno, mae'r teulu'n cael pasta a salad i swper. Mae'r plant yn hoffi pasta (spaghetti gyda saws caws yw e), ond dyn nhw ddim yn hoffi salad yn fawr iawn. Os ydyn nhw'n bwyta'n dda, maen nhw'n cael pwdin. Jeli lemwn gyda hufen iâ fanila yw'r pwdin heno.

"Dewch, bawb! Amser swper!"
Mae Mr Gwyn yn galw, ond dyn nhw ddim yn dod.
"Hei! Ble dych chi? Beth dych chi'n wneud? AMSER SWPER! DEWCH!"
Dyma nhw'n dod nawr.

"Iawn, 'te. Dych chi wedi golchi eich dwylo?"
"Ydyn, Dadi."
"Eisteddwch, 'te."
"Dadi, ga' i'r halen a'r pupur, plîs?"
"Mae halen a phupur yn y pasta, cariad."

Mae pawb yn bwyta'n dda, ac maen nhw'n cael pwdin. Mae'r teulu'n lwcus, achos mae Mr Gwyn yn coginio'n dda iawn. Mae Mr a Mrs Gwyn yn cael te, ac mae'r plant yn mynd i'r gwely.

TIP
Read through the whole text, and try to guess the meaning of any unfamiliar words. Check in the vocabulary index at the end of the book to see if you're right.

Gwybodaeth ddefnyddiol
Useful information

Mentrau Iaith Cymru
Promoting the Welsh Language in the community
A national organisation which helps local Mentrau Iaith by encouraging co-operation, sharing ideas and experiences.
www.mentrau-iaith.com
01492 642357

Y Nadolig

Christmas

Thema: dathliadau
Theme: celebrations

Content:

- *Christmas cards*
- *Nativity*
- *other religions*
- *Christmas presents*

1. Gwneud cerdyn Nadolig
Making a Christmas card

Nadolig Llawen
A Blwyddyn Newydd Dda.
Dymuniadau Gorau

Oddi wrth Pam

Merry Christmas
and a Happy New Year.
Best Wishes

From Pam

Lliwiwch y llun sydd yn y pecyn ymarfer. Torrwch ar hyd y llinell dew. Wedyn, ysgrifennwch ar y cefn, ac anfonwch y cerdyn.
Colour in the picture in the 'pecyn ymarfer'.
Cut along the thick line. Then, write on the back, and send the card.

2. Stori'r Geni

Mae Mair a Joseff yn mynd i Fethlehem. Mae Mair yn cael y Baban Iesu mewn stabl. Mae'r bugeiliaid yn dod i weld y Baban Iesu. Mae'r doethion yn dod i'r stabl i weld y Baban Iesu hefyd. Maen nhw'n rhoi anrhegion i'r Baban Iesu. Mae pawb yn hapus iawn.

Ask questions about the picture.

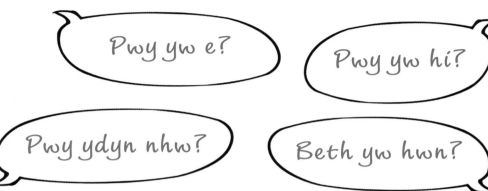

Pwy yw e?

Pwy yw hi?

Pwy ydyn nhw?

Beth yw hwn?

Crefyddau eraill: beth maen nhw'n ddathlu?
Other religions: what do they celebrate?

Mae'r **Iddewon** *(Jews)* yn dathlu
Yom Kippur a'r **Pentacost**

Mae'r **Moslemiaid** yn dathlu **Eid-Ul-Fitr-Ul-Fitr**
(diwedd **Ramadan**)

Mae'r **Bwdistiaid** yn dathlu **Diwrnod Bodhi**

Mae'r **Hindwiaid** yn dathlu **Holi**

Mae Siôn Corn yn dod…

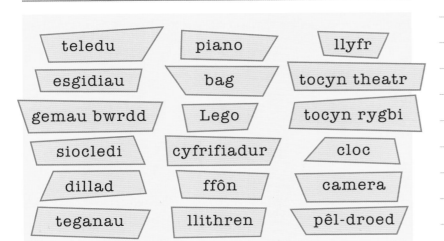

Mae Efa eisiau beic!

Dyw hi ddim eisiau losin.

Dw i eisiau radio!

Beth dych chi eisiau oddi wrth Siôn Corn?

A beth mae'r plant eisiau?

teledu	piano	llyfr
esgidiau	bag	tocyn theatr
gemau bwrdd	Lego	tocyn rygbi
siocledi	cyfrifiadur	cloc
dillad	ffôn	camera
teganau	llithren	pêl-droed

 Cân Oer yw'r Gŵr
Tôn: *Deck the Halls*

Oer yw'r gŵr sy'n methu caru,
Ffa la la la la, la la la la
Hen fynyddoedd annwyl Cymru,
Ffa la la la la, la la la la
Iddo ef a'u câr gynhesaf,
Ffa la la, la la la, la la la
Gwyliau llawen flwyddyn nesaf,
Ffa la la la la, la la la la.

Oer yw'r eira ar Eryri,
Ffa la la la la, la la la la
Er fod gwrthban gwlanen arni,
Ffa la la la la, la la la la
Oer yw'r bobol na ofalon,
Ffa la la, la la la, la la la
Gwrdd â'i gilydd ar Nos Galan,
Ffa la la la la, la la la la.

Geirfa Uned 12

creision	*crisps*
cwrw	*beer*
cyw iâr	*chicken*
gwin	*wine*
picen	*welsh cake*
porc	*pork*
pys	*peas*
salad	*salad*
treiffl	*trifle*
uwd	*porridge*
diddorol	*interesting*
iach	*healthy*
siŵr	*sure*
cofio	*to remember*

12

Beth gest ti i ginio heddiw?

What did you have for lunch today?

Themâu: bwyd a diod, yr ysgol, hamdden
Themes: food and drink, school, leisure

Content:

- *Simple questions in the past tense*

1.

Beth gest ti i frecwast bore 'ma?	Uwd	*What did you have for breakfast this morning?*	*Porridge*
Beth gest ti i ginio heddiw?	Brechdanau	*What did you have for lunch today?*	*Sandwiches*
Beth gest ti i swper neithiwr?	Salad	*What did you have for supper last night?*	*Salad*
Beth gest ti i de ddoe?	Dim byd	*What did you have for tea yesterday?*	*Nothing*

2.

Beth wnest ti yn yr ysgol heddiw?	*What did you do in school today?*
Dim byd diddorol	*Nothing interesting*
Beth wnest ti yn y parc bore 'ma?	*What did you do in the park this morning?*
Chwarae criced	*Play cricket*
Beth wnest ti yn y tŷ pnawn 'ma?	*What did you do in the house this afternoon?*
Gwylio ffilm ar y teledu	*Watch a film on television*
Beth wnest ti yn y clwb heno?	*What did you do in the club tonight?*
Chwarae ar y cyfrifiadur	*Play on the computer*

nodiadau   ■ This unit covers only *ti* questions, and short answers. The past tense will be dealt with fully later in the course.

Ymarfer

A Gyda'ch plentyn

Ask your child about his/her recent meals.
Practise first with some others in the class.

Some possible responses

Dyna hyfryd!	*That's lovely!*	Iach iawn, wir	*Very healthy indeed*
Wyt ti'n siŵr?	*Are you sure?*	Dyw e ddim yn dda i ti	*It's not good for you*

enw	brecwast bore 'ma	swper neithiwr	cinio ddoe	brecwast bore ddoe

Time expressions: complete the grid

today	*heddiw*
this morning	
this afternoon	
yesterday	
yesterday morning	
yesterday afternoon	
last night	

Ymarfer

Ask your partner about his or her recent activities.
Answer using the pictures if you prefer.

Y Treiglad Meddal – ymarfer pellach
The Soft Mutation – further practice

Ask for these items:	Ask permission to do these things:
pasta, pwdin	peintio, pysgota
tost, te	talu, tacluso
cawl, caws	cael paned, coginio
diod, dŵr	dawnsio, darllen y papur
grawnwin, gwin	gofyn cwestiwn, gwrando ar y radio
llysiau, llaeth	lliwio
moron, menyn	mynd i'r siop
rhiwbob, rholiau bara	rhedeg

Now then, what can I order that doesn't have a treiglad...

Bwydlen

Ynganu

Enwau Cymraeg ar leoedd yn Lloegr
Welsh names for English places

Many older English towns, cities and regions have Welsh names. Can you match the below place names with the dots on the map?

1. Llundain
2. Bryste
3. Dyfnaint
4. Cernyw
5. Manceinion
6. Lerpwl
7. Caer
8. Caerfaddon

Deialog

Mae Mam-gu'n holi Alex
Gran interrogates Alex

Mam-gu:	Reit. Beth wnest ti **heddiw**, 'te?
Plentyn:	**Siopa yn Tesco** gyda **Dad**, ac **edrych ar y teledu**.
Mam-gu:	A beth gest ti i **ginio**?
Plentyn:	Dw i ddim yn cofio. Sori, Mam-gu.
Mam-gu:	Wyt, wyt ti'n cofio! Beth gest ti?
Plentyn:	O, ie. **Pizza**.
Mam-gu:	**Pizza**! Dyw **pizza** ddim yn dda i ti. Na'dy, wir.

 Cân Beth gest ti i frecwast bore 'ma?

Beth gest ti i **frecwast bore 'ma**?
Beth gest ti i **frecwast bore 'ma**?
Tost a marmalêd i fi! Blasus iawn.

2. Brecwast bore 'ma, *Weetabix* ac ŵy
3. Cinio heddiw, brechdan ham a llaeth
4. Swper neithiwr, caws ar dost a ffrwyth

Geirfa Uned 13

bwrw eira	*to snow*		gwyntog	*windy*
bwrw glaw	*to rain*		heulog	*sunny*
benthyg	*to borrow,*		niwlog	*foggy*
	to lend		oer	*cold*
			poeth / twym	*hot*
bendigedig	*wonderful*		stormus	*stormy*
braf	*fine*		sych	*dry*
cymylog	*cloudy*			
cynnes	*warm*		ymbarel	*umbrella*
diflas	*dull, miserable*			
gwlyb	*wet*		pan mae hi'n...	*when it's...*

Mae'n bwrw glaw bore 'ma

It's raining this morning

Thema: y tywydd
Theme: weather

Content:

- the weather

1.

bwrw glaw	mae hi'n bwrw glaw	*it's raining*
bwrw eira	mae hi'n bwrw eira	*it's snowing*
bendigedig	mae hi'n **f**endigedig	*it's wonderful*
braf	mae hi'n braf	*it's fine*
cymylog	mae hi'n **g**ymylog	*it's cloudy*
cynnes	mae hi'n **g**ynnes	*it's warm*
diflas	mae hi'n **dd**iflas	*it's dull*
gwlyb	mae hi'n _wlyb	*it's wet*
gwyntog	mae hi'n _wyntog	*it's windy*
poeth	mae hi'n **b**oeth	*it's hot*
twym	mae hi'n **d**wym	*it's hot*

2. Sut mae'r tywydd heddiw?
What's the weather like today?

Ydy hi'n heulog?	Ydy. Mae hi'n heulog
Ydy hi'n oer?	Ydy. Mae hi'n oer
Ydy hi'n niwlog?	Nac ydy. Dyw hi ddim yn niwlog
Ydy hi'n sych?	Nac ydy. Dyw hi ddim yn sych
Is it sunny?	*Yes. It's sunny*
Is it cold?	*Yes. It's cold*
Is it foggy?	*No. It isn't foggy*
Is it dry?	*No. It isn't dry*

nodiadau

■ *Mae hi'n* is normally shortened to *Mae'n*.

■ All the above words from *bendigedig* down are adjectives, which means they mutate after *yn*. *Bwrw glaw / eira* don't mutate after *yn* because they are verbs.

■ *Braf* is an exception, and stays as it is.

Ymarfer

*Point at the pictures and
ask your partner about
them, using pattern 2.
Answer with yes / no and
a full sentence each time.*

🔺 *Look at the pictures with your partner and follow the example.*

A: Mam! Gawn ni chwarae tennis heddiw?

B: Cewch, wrth gwrs. Mae hi'n braf.

neu

B: Na chewch, wir. Mae hi'n bwrw glaw.

_____
_____
_____

Dw i'n hoffi … **Dw i ddim yn hoffi**… **pan mae hi'n** …

I like …   I don't like …   when it's…

What do you and your child like doing?

Dw i'n hoffi chwarae yn y parc pan mae hi'n bwrw eira.

Dw i ddim yn hoffi gwneud gwaith cartref pan mae hi'n braf.

Dw i'n hoffi edrych ar y teledu pan mae hi'n bwrw glaw.

Dw i ddim yn hoffi gyrru pan mae hi'n niwlog.

Mae Ceri'n hoffi mynd i'r pwll nofio pan mae hi'n dwym.

Dyw e ddim yn hoffi mynd allan pan mae hi'n wyntog.

Deialog

Mae Mam-gu'n ffonio

Mam-gu: Wel **bore da**, shwmai 'te?

Plentyn: **Mam-gu**! Sut dych chi **heddiw**?

Mam-gu: **Da iawn, diolch**. Sut mae'r tywydd gyda chi?

Plentyn: Mae hi'n **fendigedig**.

Mam-gu: Wel, mae hi'n **bwrw glaw** fan hyn.

Plentyn: O, na. Dych chi'n dod **heddiw**?

Mam-gu: Ydw. Amser **swper**.

Plentyn: Hwrê!

 Cân **Sut mae'r tywydd heddiw?**

Sut mae'r tywydd heddiw? **Da** iawn, wir!
Sut mae'r tywydd heddiw? **Da** iawn, wir!
Ydy hi'n **heulog**? Ydy hi'n **heulog**?
Ydy, wir. Mae hi'n **heulog** iawn.

2. cas – niwlog
3. cas – gwyntog
4. da – cynnes *(warm)*

Geirfa Uned 14

jigso	*jigsaw*
llythyr	*letter*
sboncen	*squash (game)*
stamp(iau)	*stamp(s)*
aros gartre	*to stay at home*
canu'r piano	*to play the piano*
mynd ar sled	*to go on a sledge*
defnyddio	*to use*
peidio	*to not do*
postio	*to post*
prynu	*to buy*
sglefrio	*to skate*
ymlacio	*to relax*

Uned Adolygu

uned 8

1. Dw i wedi **'molchi**
2. Wyt ti wedi **cael bath** eto?
3. Rwyt ti wedi **gwisgo** yn barod
   Dwyt ti ddim wedi **codi** eto
4. Ydy Huw wedi **peintio llun**? Ydy/Nac ydy

uned 9

1. Eistedd –   Eistedda!   Eisteddwch!
2. Tacluso –   Taclusa!   Tacluswch!
3. Cerdded –   Cerdda!   Cerddwch!
4. Dod –   Dere!   Dewch!

uned 10

1. Ga' i **hufen iâ**, plîs?   Cei / Na chei   Cewch / Na chewch
2. Ga' i **bysgod**?   (Treiglad Meddal)
3. Ga' i **ddarllen**, plîs?   (Treiglad Meddal)

uned 11

(Y Nadolig – *no new patterns*)

uned 12

1. Beth gest ti **i frecwast bore 'ma**?   Tost a jam
2. Beth wnest ti **yn yr ysgol heddiw**?   Chwarae rygbi

uned 13

1. Mae hi'n **gymylog**
2. Ydy hi'n **wyntog**?   Ydy. Mae hi'n wyntog
                           Nac ydy. Dyw hi ddim yn wyntog
3. Gawn ni **redeg** heddiw? Cewch / Na chewch
4. Dw i'n hoffi **gwylio'r teledu** pan mae hi'n **bwrw glaw**
   Dw i ddim yn hoffi **gyrru** pan mae hi'n **niwlog**

Gweithgareddau Adolygu
Revision Activities

uned 8

Beth wyt ti wedi wneud heddiw? Beth dwyt ti ddim wedi wneud?

a. Find at least four things your partner has done today, and four that he / she hasn't done. Wyt ti wedi ... heddiw?

wedi wneud	ddim wedi wneud

b. Find a new partner. Ask each other what your previous partners have and haven't done yet today.

uned 9

There were 15 different commands in the Mae Seimon yn dweud *game. How many can you remember without looking back (*ti *and* chi *forms)?*

New work

peidio –	Paid!	Peidiwch!	*Don't!*
	Paid mynd!	Peidiwch mynd!	*Don't go!*

Go through Seimon's commands again, first in the positive, then change them into negative commands.

Mae Seimon yn dweud...	rheda!	rhedwch!
Mae Seimon yn dweud...	paid rhedeg!	peidiwch rhedeg!

uned 10

You are staying at a youth hostel. Your partner is the receptionist.

a. Order as many different items as you can for breakfast, lunch and dinner (keep going until you can think of no more). Use Ga' i...? *for each item.*

b. Ask if you can do the things pictured (use Can we...?).

Try to think of some more things you and your family might want to do at a youth hostel.

uned 12

You are the grandparent, and arrive at the youth hostel the following evening to join the family.

a. Find out what they had to eat for each meal today and yesterday.

b. Ask what they did yesterday morning, afternoon and evening, and ask the same questions about today. Give suitable responses.

uned 13

Sut mae'r tywydd?

Ask each other what you like doing, and what you don't like doing, during the types of weather shown in the pictures.

You have learnt to describe 15 different types of weather. Can you remember them all?

Geirfa Uned 15

bag	bag
camera	camera
car	car
carped	carpet
cath	cat
drws	door
gwely	bed
llyfrau	books
radio	radio
sanau	socks
sliperi	slippers
stôl	stool
trên	train
bin sbwriel	litter bin, dustbin
bocs	box
cwpwrdd	cupboard
drôr	drawer
silff	shelf
ar	on
ar bwys	by (next to)
o dan	under
o flaen	in front of
efallai (falle)	maybe
o'r diwedd	at last

dechrau →

Wyt ti wedi darllen y papur heddiw?

Beth yw He hasn't finished yet yn Gymraeg?

Find out whether your partner has seen CYW on S4/C.

Say three commands you could use with your child.

Turn these into commands (ti a chi): mynd allan, dod mewn, tacluso'r dillad

Tell your partner(s) not to do three things.

Ydy hi'n stormus heddiw?

Ask for any three items for supper (use May I have...).

Beth yw Is it snowing? yn Gymraeg?

Trac adolygu

Ga' i wylio'r teledu? Beth yw yes / no yn Gymraeg?

Sut mae'r tywydd heddiw?

Ask for permission to go to the park.

Beth yw nothing interesting yn Gymraeg?

Ask your partner what he / she did on Saturday.

Beth gest ti i swper neithiwr?

Beth wyt ti eisiau oddi wrth Siôn Corn Nadolig nesa (next)?

Dych chi wedi dechrau eich siopa Nadolig eto?

What greetings could you write in a Welsh Christmas card?

Beth sy yn y bocs?

What's in the box?

Thema: y cartref
Theme: home

Content:

- *where things are (in, on, by, under, in front of)*

1.

Mae jigso yn y bocs	*There is a jigsaw in the box*
Mae camera yn y cwpwrdd	*There is a camera in the cupboard*
Mae llyfrau ar y silff	*There are books on the shelf*
Mae sanau ar y carped	*There are socks on the carpet*

2.

Beth sy ar y bocs?	*What's on the box?*
Beth sy ar bwys y bocs?	*What's by the box?*
Beth sy o dan y bocs?	*What's under the box?*
Beth sy o flaen y bocs?	*What's in front of the box?*

**Ymarfer:
Yr Ystafell Wely**

Use patterns 1 and 2 to talk about the picture. Then, cover the page and see what you can remember.

3.

Ydy'r Lego yn y drôr?	*Is the Lego in the drawer?*
Ydy'r radio ar y silff?	*Is the radio on the shelf?*
Ydy / Nac ydy	*Yes, it is / No, it isn't*
Ydy'r sliperi o dan y gwely?	*Are the slippers under the bed?*
Ydy'r esgidiau ar bwys y drws?	*Are the shoes by the door?*
Ydyn / Nac ydyn	*Yes, they are / No, they're not*

Amser tacluso, blant!

Iawn, Dad!

Dyna blant da!

4. Amser tacluso *Time to tidy up*

Rho'r Lego yn y drôr, plîs	*Put the Lego in the drawer, please*
Rho'r radio ar y silff, plîs	*Put the radio on the shelf, please*
Rhowch y sliperi o dan y gwely, plîs	*Put the slippers under the bed, please*
Rhowch yr esgidiau ar bwys y drws, plîs	*Put the shoes by the door, please*

 a. Tell your child to tidy up the items below, as shown.

Choose **ar, o flaen** *and so on as appropriate.*

a. Think of suitable homes for the items below. Give instructions accordingly.

Ynganu

*Here are some words you have already learnt.
Do you remember what they all mean?
Read them aloud as clearly as you can.*

d/dd

ydy	cerddoriaeth
bendigedig	smwddio
cadw'n heini	bwrdd
cariad	ffrâm ddringo
codi	eistedd

l/ll

cawl	lliwio
cymylog	allan
diflas	llithren
glanhau	llun
gweld	ennill

f/ff

ysgrifennu	hoffi
nofio	gorffen
afal	treiffl
cyfrifiadur	ffôn
cyflym	ffermwr

Deialog

Mae Mel yn mynd i'r ysgol.

Plentyn:	**Dad**, ble mae'r brechdanau?
Rhiant:	Yn y **bag**.
Plentyn:	Ond ble mae'r **bag**?
Rhiant:	Ar y **bocs teganau**.
Plentyn:	Ond ble mae'r **bocs teganau**?
Rhiant:	Ar bwys y **drws**. Efallai.
Plentyn:	A! Dyma ni. O'r diwedd!

 Cân Beth sy yn y bocs?
Tôn: *The Farmer Wants a Wife*

Beth sy **yn y bocs**? Beth sy **yn y bocs**?
Pêl, pêl, pêl
Mae **pêl** yn y **bocs**.

2. ar y silff   radio
3. ar bwys y drws   beic
4. o flaen y tŷ   car
5. o dan y bwrdd   bag

Geirfa Uned 16

tad	*father*
mam	*mother*
brawd	*brother*
chwaer	*sister*
ewythr (wncwl)	*uncle*
modryb (anti)	*aunt (auntie)*
gŵr	*husband*
gwraig	*wife*
rhiant, **rhieni**	*parent, parents*
ffrind	*friend*
diod	*a drink*
jyngl	*jungle*
llew	*lion*
llygoden	*mouse*
mwnci	*monkey*
potel	*bottle*
nawr	*now*

Sawl wncwl sy 'na?

How many uncles are there?

Thema: rhifo
Theme: counting

Content:

- *counting masculine and feminine nouns*

1.

un wncwl	un anti	*one uncle*	*one auntie*
dau wncwl	**dwy** anti	*two uncles*	*two aunties*
tri wncwl	**tair** anti	*three uncles*	*three aunties*
pedwar wncwl	**pedair** anti	*four uncles*	*four aunties*
pum wncwl	pum anti	*five uncles*	*five aunties*

2.

Sawl wncwl sy 'na?	*How many uncles are there?*
Sawl anti sy 'na?	*How many aunties are there?*
Sawl ffrind sy 'na?	*How many friends are there?*
Sawl chwaer sy 'na?	*How many sisters are there?*

Ymarfer

Ask your partner how many aunties and so on there are in the house and on the bus.

Wncwl   Anti   Ffrind   Chwaer

nodiadau

■ When counting female persons and feminine nouns, we use *dwy, tair, pedair* instead of *dau, tri, pedwar*. All other numbers stay the same, regardless of gender

■ After a number (and after the word *sawl*), we use the singular in Welsh.
Dau wncwl = Two uncles
Sawl wncwl? = How many uncles?

■ Before a noun, *pump* and *chwech* become *pum* and *chwe*.

3.

mab	merch	*son*	*daughter*
un mab	un **f**erch	*one son*	*one daughter*
dau **f**ab	dwy **f**erch	*two sons*	*two daughters*
tri mab	tair merch	*three sons*	*three daughters*
pedwar mab	pedair merch	*four sons*	*four daughters*
pum mab	pum merch	*five sons*	*five daughters*

Block 3 shows two simple rules:

1. *after* un, *feminine nouns soft mutate*
2. *after* dau / dwy, *everything soft mutates.*

 Gyda'ch plentyn

Ask your child how many of each animal there are in the jungle. All these animals are masculine.

Mae tri llew
yn y jyngl.

llew, mwnci, fflamingo, sebra, eliffant

4.

Sawl wncwl sy ar y bws?	*How many uncles are on the bus?*
Sawl anti sy yn y tŷ?	*How many aunties are in the house?*
Sawl llew sy yn y jyngl?	*How many lions are in the jungle?*
Sawl fflamingo sy yn y jyngl?	*How many flamingoes are in the jungle?*

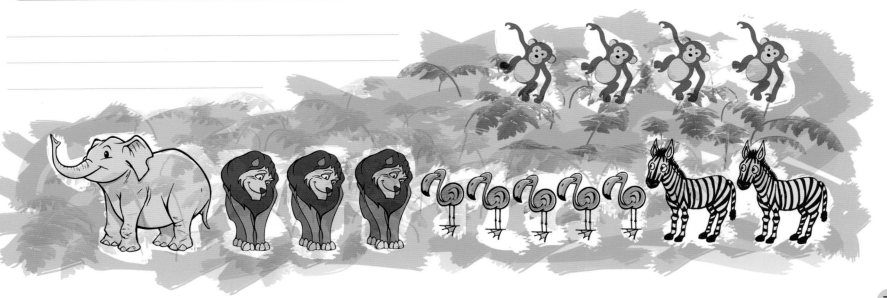

Ymarfer

Count up to five of the items / people in the pictures. Partner 1: count **afal** *and* **potel***, Partner 2: count* **brawd** *and* **brechdan** *and so on. Don't forget the mutations.*

Un afal, dau afal, tri afal, pedwar afal, pum afal.
Un botel, dwy botel, tair potel, pedair potel, pum potel.

afal	potel	brawd	brechdan
gŵr	gwraig	mwnci	menyw
ŵy	cath	dyn	diod
llew	llygoden	rhiant (parent)	rhaglen deledu

As you can see, you need to know the gender of a noun before you can count it correctly. In the vocabulary list at the end of each unit, masculine words are coloured blue, feminine ones are coloured red, to help you remember their gender.

Ynganu

Read these words aloud as clearly as you can.

ch

bachgen	brechdan
chwarae	chwech
diolch	edrych
merch	golchi

th/dd

athro	amgueddfa
benthyg	anodd
beth	blwyddyn
cath	dydd
saith	cerdded

r/rh

actor	anrheg
amser	rhaglen
ar	rhedeg
fferm	Rhiannon
araf	rhiwbob

Deialog

Mae'n amser codi.

Rhiant: **Rhun**! Dere, bach. Amser codi.

Plentyn: Dw i wedi codi. Dw i'n **'molchi**.

Rhiant: Iawn. Beth wyt ti eisiau i frecwast?

Plentyn: Ga' i **ddwy sosej** ac un **ŵy**, plîs?

Rhiant: Cei, wrth gwrs…
…**Rhun**! Mae'n barod. Brysia!

Plentyn: Dw i'n dod nawr.

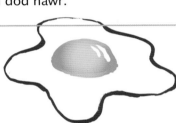

 Cân Sawl wncwl sy ar y bws?

Sawl **wncwl** sy **ar y bws**? (clap, clap)
Sawl **wncwl** sy **ar y bws**? (clap, clap)
Mae **un wncwl,**
    dau wncwl,
    tri wncwl,
    pedwar wncwl,
    pum wncwl   ar y bws (clap, clap)

2. anti   yn y tŷ
3. brawd   yn y car
4. cath   ar y bwrdd
5. mwnci   yn y jyngl

Geirfa Uned 17

du	*black*
gwyn	*white*
coch	*red*
glas	*blue*
melyn	*yellow*
gwyrdd	*green*
cylch	*circle*
sgwâr	*square*
triongl	*triangle*
petryal	*rectangle*
hirgrwn	*oval*
lliw	*colour*
cownter	*counter*
awyren	*aeroplane*
cadair	*chair*
ci	*dog*
cot	*coat*
sgert	*skirt*
teisen(**nau**)	*cake(s)*

Pa liw yw'r cylch?

What colour is the circle?

Themâu: siapiau a lliwiau
Themes: shapes and colours

Content:

- *shapes and what colour they are*

1.

Mae'r cylch yn **g**och	*The circle is red*
Mae'r sgwâr yn **_**las	*The square is blue*
Mae'r triongl yn **dd**u	*The triangle is black*
Mae'r seren yn **f**elyn	*The star is yellow*

2.

Pa liw yw'r cylch?	*What colour is the circle?*
Pa liw yw'r seren?	*What colour is the star?*
Pa liw yw hwn?	*What colour is this? (masculine)*
Pa liw yw hon?	*What colour is this? (feminine)*

3.

Pa liw wyt ti eisiau?	*What colour do you want?*
Pa liw mae hi eisiau?	*What colour does she want?*
Pa liw mae Danny eisiau?	*What colour does Danny want?*
Pa liw mae pawb eisiau?	*What colour does everybody want?*

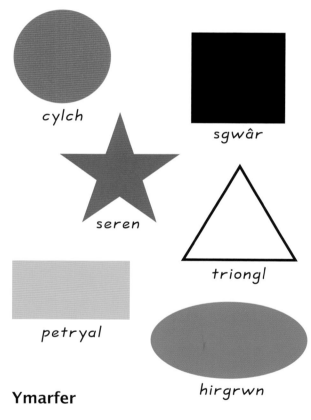

cylch

sgwâr

seren

triongl

petryal

hirgrwn

Ymarfer

Use patterns 1 and 2 to ask your partner about the shapes. Cover the page, and see if you can remember the colours.

---

nodiadau

■ We saw adjectives mutating after **yn** when we talked about the weather in Uned 13.
The same rule applies here with colours (Block 1)

■ *Pa...?* means Which...? and causes soft mutation.

Pa lyfr?	Which book?
Pa frechdanau?	Which sandwiches?

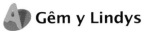 **Gêm y Lindys**

- *You will need a dice and 6 counters, one each of the six colours on the caterpillar.*
- *Throw the dice.*
- *If you throw a 3, put a yellow counter on 3 and so forth, until you have a counter on every segment.*
- *One partner throws the dice, and the other starts the dialogue.*

Tri! Pa liw wyt ti eisiau?

Mae tri yn felyn. Ga' i gownter melyn, plîs?

Cei. Dyma ti!

4.

car **c**och	het **g**och	*a red car*	*a red hat*
llyfr **b**rown	cot **f**rown	*a brown book*	*a brown coat*
ci **d**u	cath **dd**u	*a black dog*	*a black cat*
sgwâr **g**las	seren **l**as	*a blue square*	*a blue star*

Ymarfer

a. Say what items you can see and what colour they are,
e.g. **bag coch, het goch.** *Mutate after feminine nouns.*

b. Get your partner to cover the page, and see how much they
remember: Partner 1: **ci**   Partner 2: **ci gwyn**   *and so on.*

Masculine

Feminine

nodiadau   ■ After a feminine noun, adjectives soft mutate.
(Do not confuse this with the **yn** rule you have learnt:
all adjectives mutate after **yn**, no matter whether they
are describing something masculine or feminine.)

Deialog

Mae'r teulu'n siopa yn y dre *(in town)*

Plentyn:	Edrychwch, Mami a Dadi. **Teisennau!** Ga' i un, plîs?
Rhiant:	Iawn. Rwyt ti wedi bod yn **ferch dda**. Pa liw wyt ti eisiau?
Plentyn:	Mmm… Ga' i un **goch**, plîs.
Rhiant:	Esgusodwch fi. **Un deisen goch**, os gwelwch chi'n dda.

 Cân **Mistar Sgwâr a'i ffrindiau**
Tôn: *If you're happy and you know it*

Mistar Sgwâr ydw i, ydw i
Mistar Sgwâr ydw i, ydw i
Mistar Sgwâr ydw i, yn **cerdded** un, dau, tri
Mistar Sgwâr ydw i, ydw i.

2. Mrs Cylch   rhowlio
3. Mistar Seren   dawnsio
4. Miss Triongl   neidio

Geirfa Uned 18

anifail anwes	*pet*
arth	*bear*
byji	*budgie*
ceffyl	*horse*
allwedd(i)	*key(s)*
amser sbâr	*spare time*
arian	*money*
carafán	*caravan*
castell	*castle*
cryno-ddisg(iau)	*CD(s)*
ffôn symudol	*mobile phone*
gardd	*garden*
llong	*ship*
teulu	*family*
lwcus	*lucky*
arall	*other, another, else*
felly	*so, therefore*

Mae cath gyda fi

I've got a cat

Themâu: y cartref, anifeiliaid anwes
Themes: home, pets

Content:

- *what people have got*
- *what people haven't got*

1.

Mae car gyda fi	*I've got a car*
Mae arian gyda fi	*I've got money*
Mae cath gyda fi	*I've got a cat*
Mae arth gyda fi	*I've got a bear*

2.

Does dim car gyda fi	*I haven't got a car*
Does dim arian gyda fi	*I haven't got money*
Does dim cath gyda fi	*I haven't got a cat*
Does dim arth gyda fi	*I haven't got a bear*
Does dim byd gyda fi	*I haven't got anything*

3.

Beth sy gyda ti / chi?	*What have you got?*
Beth sy gyda fe?	*What has he got?*
Beth sy gyda hi?	*What has she got?*
Beth sy gyda nhw?	*What have they got?*
Beth sy gyda Sioned?	*What has Sioned got?*

4.

Mae byji melyn gyda fi	*I've got a yellow budgie*
Mae ci du gyda fi	*I've got a black dog*
Does dim llong _las gyda fi	*I haven't got a blue ship*
Does dim awyren lwyd gyda fi	*I haven't got a grey aeroplane*

nodiadau

■ This pattern is very simple, although quite different from the equivalent pattern in English.

■ Change the possessor by changing the name after *gyda*. *Mae* and *Does dim* stay the same.

▲ Ymarfer

a. Say which of the items in the picture you have got, and which you haven't.
b. Say what the people in the pictures have got (✔), and what they haven't (✘).
   Then, say them again, including the colours (remember to mutate after feminine nouns).
c. Tell your partner to cover the page. Use pattern 3 to see how much he / she can remember.

> Pa liw yw'r ceffyl?
> Wyt ti'n cofio?

Mae chwe anifail anwes gyda Tom a Mandi. Felly, does dim amser sbâr gyda nhw.

Does dim car gyda fi, ond mae beic gyda fi. Dw i ddim yn hoffi gyrru.

Ymarfer

Write some sentences about what you, your children, or other family members have or haven't got. Read them out to your partner.

Ynganu

wy *has three possible pronunciations.*

1	2	3
ar bwys	ewythr	awyren
bwyta	gwyn	newyddion
blwyddyn	gwyntog	
dwy	gwyrdd	
pwy	newydd	
hwyl	tywydd	
ofnadwy		
twym		

yw / iw / uw *are all usually pronounced the same way.*

byw	lliw	duw
cyw	heddiw	Mr Puw
menyw	niwlog	Huw
dyw	tiwtor	buwch
yw	rhiw	uwch

Exceptions (all spelt **iw***):*

cwestiwn

gweithiwr

neithiwr

stadiwm

peidiwch

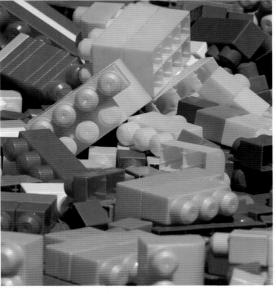

Deialog

**Mae Ceri wedi bod yn siopa
gyda Mam-gu a Dad-cu.**

Rhiant:	Helo, cariad. Beth gest ti, 'te?
Plentyn:	Edrycha, **Mami**! Mae **gêm** newydd gyda fi.
Rhiant:	Wel, dyna hyfryd. Ble cest ti **hi**?
Plentyn:	Yn **WH Smith**.
Rhiant:	Dyna **fachgen** lwcus. Beth arall gest ti?
Plentyn:	**Set Lego**. Mae **tair set Lego** gyda fi nawr!
Rhiant:	Diolch yn fawr iawn i chi, Mam-gu a Dad-cu.

Geirfa Uned 19

cefnder	*male cousin*
cyfnither	*female cousin*
mab	*son*
merch	*daughter*
perthynas	*relative*
perthnasau	*relatives*
dosbarth	*class*
crempogen	*pancake*
crempog	*pancakes*
llawer	*a lot, many*
ychydig	*a little*
gormod	*too much*
Faint o...?	*How much/many...?*
adre	*home(wards)*
ar ôl	*left, remaining*

 Cân Beth sy gyda Jeni?
   Tôn: *Au Clair de la Lune*

Beth sy gyda Jeni?	Mae **byji** gyda hi.
Beth sy gyda Joni?	Mae **ceffyl** gyda fe.
Beth sy gyda Mari?	Mae **pysgod** gyda hi.
Beth sy gyda Hari?	Does dim byd gyda fe.

2. brechdan   afal   cacen
3. blociau   jigso   llithren

Banc anifeiliaid

Animal bank

This list is for you to dip into as and when needed. There's no need to memorise these words at this stage.

Cymraeg	Saesneg	Cymraeg	Saesneg	Cymraeg	Saesneg
aderyn	*bird*	eliffant	*elephant*	oen	*lamb*
aderyn du	*blackbird*	eog	*salmon*	panda	*panda*
arth	*bear*	eryr	*eagle*	parot	*parrot*
asyn	*donkey*	fflamingo	*flamingo*	paun	*peacock*
blaidd	*wolf*	gafr	*goat*	penbwl	*tadpole*
bochdew	*hamster*	gorila	*gorilla*	pengwin	*penguin*
broga	*frog*	gwdihŵ, tylluan	*owl*	pry cop(yn), corryn	*spider*
buwch	*cow*	gwenynen	*bee*	pysgodyn aur	*goldfish*
buwch goch gota	*ladybird*	gwiwer	*squirrel*	rheinoseros	*rhinoceros*
byji, bwji	*budgie*	gŵydd	*goose*	robin goch	*robin*
camel	*camel*	gwylan	*seagull*	sebra	*zebra*
cangarŵ	*kangaroo*	hipopotamws	*hippopotamus*	seren fôr	*starfish*
carw	*deer*	hwyaden	*duck*	siani flewog, lindys	*caterpillar*
cath	*cat*	iâr	*hen*	siarc, morgi	*shark*
cath fach	*kitten*	iâr fach yr haf, pili pala	*butterfly*	slefren fôr	*jellyfish*
ceffyl	*horse*	jac-y-do	*jackdaw*	tarw	*bull*
ceiliog	*cockerel*	jerbil	*gerbil*	teigr	*tiger*
ci	*dog*	jiraff	*giraffe*	tsimpansî	*chimpanzee*
ci bach	*puppy*	llew	*lion*	twrch daear	*mole*
cleren	*fly*	llewpart	*leopard*	twrci	*turkey*
cranc	*crab*	llwynog, cadno	*fox*	ysgyfarnog (sgwarnog)	*hare*
crocodeil	*crocodile*	llyffant	*toad*	ystlum	*bat*
crwban	*tortoise*	llygoden	*mouse*		
crwban y môr	*turtle*	llygoden fawr	*rat*		
cwningen	*rabbit*	malwen, malwoden	*snail*		
cyw	*chick*	mochyn	*pig*		
dafad	*sheep*	mochyn cwta	*guinea pig*		
deinosor	*dinosaur*	morfil	*whale*		
dolffin	*dolphin*	morgrugyn	*ant*		
draenog	*hedgehog*	mwnci	*monkey*		
draig	*dragon*	mwydyn	*earthworm*		
dwrgi, dyfrgi	*otter*	neidr	*snake*		
		octopws	*octopus*		

Anagramau

Beth yw'r rhain?

cwnbar _____	fyltlanf _____	ewrwig _____	gwennnci _____
honcym _____	lynalut _____	agrid _____	reesn ôrf _____ ____
fondlif _____	tafenlif _____	mofanglif _____	feclyf _____
trellapw _____	scootpw _____	ennigpw _____	blenpw _____
dragone _____	dolglyne _____	neygnwne _____	sdoorine _____

Darllen: Mynd am dro i'r parc

Mae Sali'n mynd i'r parc gyda Mam a Sgamp y ci. Mae hi'n hoffi anifeiliaid yn fawr iawn. Yn y parc, maen nhw'n gweld Leighton, ffrind o America. Mae Leighton yn siarad Cymraeg yn dda.

"Helo, Leighton! Sut wyt ti?"
"Da iawn, diolch! Dw i wedi bod yn America. Sut dych chi? A beth gest ti i Nadolig, Sali?"
"Ci! Dyma Sgamp. Sgamp, dwêd 'helo' wrth Leighton!"
"Bow, wow!"

Mae Mam yn gofyn cwestiynau i Leighton.
"Beth wnest ti yn America? Gest ti amser da?"
"Ffantastig, diolch yn fawr. Mae Amanda, fy chwaer, wedi cael babi!"

Yn y parc, mae tŷ botanegol, ac mae tanciau pysgod ac adar egsotig yno.
Mae Sali eisiau mynd i mewn. Mae ei mam a Leighton yn mynd gyda hi.

"Edrychwch, Mami a Leighton! Dw i'n gweld tri aderyn melyn!"

"Wyt, wir. A beth yw hwn? Cactws! AW!"

Mae'r tri yn cerdded o gwmpas y tŷ botanegol. Maen nhw'n gweld pedwar pysgodyn pirhana mewn tanc, a dau fwnci brown mewn caets.

Mae hi'n oer heddiw, ond yn y tŷ botanegol, mae hi'n dwym ofnadwy.
Dyw Sgamp ddim yn hapus, ac maen nhw'n mynd allan eto. Ar bwys y tŷ botanegol, mae caffi, ac mae'r tri yn mynd i mewn. Mae Mam a Leighton yn cael paned, a Sali'n cael lemonêd. Mae Sgamp yn cael dŵr, ac mae e'n hapus eto nawr.

Maen nhw'n siarad am anifeiliaid anwes.

"Leighton, mae ci, dwy gath, a byji gyda fi. Oes anifail anwes gyda chi?"
"Oes. Mae un gath frown gyda fi, o'r enw Jemimah. Pa liw yw'r byji?"
"Mae e'n las. Nadolig nesa, dw i eisiau arth ddu."
"Arth ddu?! Dim diolch yn fawr..."

Gwybodaeth ddefnyddiol
Useful information

Mudiad Meithrin
Welsh early years specialists.
Mudiad Meithrin is a voluntary organisation. It aims to give every young child in Wales the opportunity to benefit from early years services and experiences through the medium of Welsh. This aim is the basis of each of the Mudiad's provisions, which includes:
- *cylchoedd Ti a Fi*
- *cylchoedd meithrin*
- *cylchoedd meithrin / Ti a Fi (combined groups)*
- *wraparound care*
- *day nurseries*
- *integrated centres.*

Oes brawd gyda ti?

Have you got a brother?

Themâu: y teulu, bwyd a diod
Themes: family, food and drink

Content:

- *asking have you got...?*
- *asking how many...?*
- *asking how much...?*

1.

Oes brawd gyda ti?	*Have you got a brother?*
Oes chwaer gyda ti?	*Have you got a sister?*
Oes ewythr gyda chi?	*Have you got an uncle?*
Oes modryb gyda chi?	*Have you got an aunt?*
Oes / Nac oes	*Yes / No*

2.

Mae un plentyn gyda fi	*I've got one child*
Mae dau o blant gyda fi	*I've got two children*
Mae tri o blant gyda fi	*I've got three children*
Mae pedwar o blant gyda fi	*I've got four children*
Mae pedwar o blant yn y dosbarth	*There are four children in the class*
Mae pedwar o blant yn y car	*There are four children in the car*

3.

Faint o blant sy gyda ti / chi?	*How many children have you got?*
Faint o blant sy gyda Mr Jones?	*How many children has Mr Jones got?*
Faint o blant sy yn y dosbarth?	*How many children are in the class?*
Faint o blant sy yn y car?	*How many children are in the car?*

nodiadau

■ We have now covered all three parts of the *gyda* pattern:

Mae ... gyda fi	(positive)
Does dim ... gyda fi	(negative)
Oes ... gyda ti?	(question)

■ There are two ways of asking *How many...?* in Welsh:

Sawl + singular	**Faint o + plural (soft mutation)**
How many?	How many? *or* How much?
Sawl plentyn?	Faint o blant?
Sawl brechdan?	Faint o frechdanau?
~~Sawl arian?~~	Faint o arian?

Ymarfer

a. Talk about the families below, using patterns 1-3.

Mrs Swain

Meredydd

Linda

Siân

Osian

Bob

 b. Ask other people in the class about their families, relatives and pets. Fill in the grid.

enw	plant, perthnasau	anifeiliaid anwes
Olivia	un mab, un ferch, dau ewythr	dim byd

4.

> Mae ychydig o fwyd gyda Catrin — *Catrin has got a little food*
>
> Mae digon o fwyd gyda Darren — *Darren has got enough food*
>
> Mae llawer o fwyd gyda Midori — *Midori has got a lot of food*
>
> Mae gormod o fwyd gyda Colin — *Colin has got too much food*
>
> Faint o fwyd sy gyda Gareth? — *How much food has Gareth got?*

Faint o sglodion sy gyda Padrig?

Mae llawer o sglodion gyda fe.

Ymarfer

Talk about how much food the people in the pictures have got.

Padrig

Siwan

Gillian a Danny

Delyth

Desmond

Miss Cadwaladr

Deialog

Mae Mam (neu Dad) yn dod adre o'r gwaith.

Rhiant:	Helo, bawb. Dw i wedi blino. Oes **cacen** i fi?
Plentyn:	Nac oes, sori. Does dim **cacen** ar ôl.
Rhiant:	Oes **crempog** i fi, 'te?
Plentyn:	Nac oes, sori. Does dim **crempog** ar ôl.
Rhiant:	Wel, beth sy ar ôl?
Plentyn:	Dim byd, sori. Does dim byd ar ôl.
Rhiant:	Dim byd o gwbl? O!

 Cân Faint o blant sy gyda ti?

Tôn: *Bing Bong*

Faint o blant sy gyda ti?	Faint o blant sy gyda ti?
Mae un plentyn gyda fi.	Mae un plentyn gyda fi.
Cytgan *(Chorus)*:	
Bing bong a-bing bong be	Bing bong a-bing bong be
Bing bong a-bing bong be	Bing bong a-bing bong be

2. gyda Pam   dau o blant
3. ar y bws   tri o blant
4. yn y tŷ   deg o blant

Geirfa Uned 20

cylchgrawn, cylchgronau	*magazine(s)*
rhywbeth	*something*
pobl	*people*
y rhain	*these*
cyrraedd	*to reach, to arrive in*
gallu	*can, to be able to*
gobeithio	*to hope*
gwybod	*to know*
bach	*small, little*
mawr	*large, big*
hen	*old*
ifanc	*young*
bob blwyddyn	*every year*
bob dydd	*every day*
ers 2007	*since 2007*
o'r blaen	*before, previously*
os	*if*
Diolch o galon	*Thank you so much (from the heart)*

20

Eisteddfod yr Urdd

the Urdd Eisteddfod

Themâu: gwyliau a dathliadau
Themes: festivals and celebrations

Content:

■ *the Urdd Eisteddfod. This large youth festival moves around Wales from year to year, taking place in the summer half term break.*

 Pwy sy'n mynd i'r Eisteddfod, a beth maen nhw'n wneud?
Darllen gyda'ch plentyn

Dyn ni'n dawnsio yn y Pafiliwn dydd Mawrth, ac ar y Llwyfan* Perfformio dydd Gwener. Dyn ni'n dod i Eisteddfod yr Urdd bob blwyddyn ers 2007. Dyn ni eisiau ennill, wrth gwrs, ond dyn ni ddim yn ddiflas os dyn ni ddim yn ennill. Mae Mam a Dad yn hoffi ein gweld ni ar S4/C! Dyn nhw ddim yn gallu dod i'r Eisteddfod, achos mae pedwar ci, dwy gath a byji gyda nhw.

Phil, Sam ac Olivia ydyn ni. Dyn ni'n dysgu Cymraeg ym Mhen-y-bont. Mae'r Eisteddfod yn hwyl fawr, a dyn ni wedi gwneud ffrindiau newydd yma. Dyn ni'n stiwardio yn y Pafiliwn, ac mae llawer o bobl yn siarad Cymraeg gyda ni! Dyn ni'n blino, ond mae'r Eisteddfod yn help mawr i ddysgu Cymraeg. Dyn ni'n aros mewn gwely a brecwast ac yn cael amser hyfryd, wir.

Mae Mared a Rhys yn hoffi mynd i'r Ffair a'r Ardal Chwarae, a gweld Mistar Urdd a Sali Mali. Maen nhw'n fach iawn, a dyn nhw ddim yn hoffi mynd i'r pafiliwn, ond maen nhw'n hoffi gwrando ar y perfformiadau ar y Maes. Maen nhw eisiau bwyta *chips*, losin a hufen iâ bob dydd. Dyn ni'n aros mewn carafán ar y maes carafannau.

Mam-gu Gethin ac Anwen dw i. Maen nhw'n cystadlu* gyda'r côr, ac maen nhw'n gobeithio cyrraedd y llwyfan. Dw i ddim yn cystadlu, wrth gwrs – dw i'n hen iawn! Ond dw i'n hoffi gwrando ar y canu ac edrych ar y dawnsio, a dw i'n gweld llawer o hen ffrindiau. Dw i'n hoffi cerdded o gwmpas y maes hefyd, a gwneud ychydig o siopa – os dw i'n gweld rhywbeth dw i'n ffansïo!

* llwyfan - *stage*   cystadlu - *to compete*

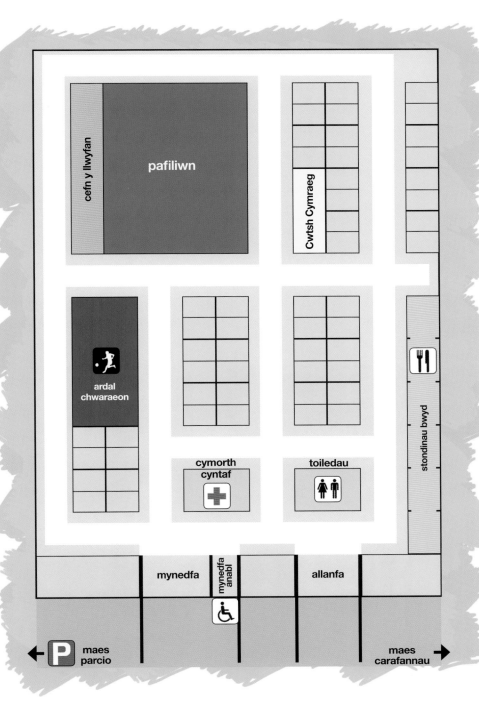

Y Maes *The Field*

a. Look at the plan.

Beth yw'r rhain yn Gymraeg?

first aid, disabled entrance, backstage, exit, food stalls

b. You are going to the Urdd Eisteddfod today with some other parents. Have a conversation with them, using the following as a guide:

> Dych chi wedi bod yn yr Eisteddfod o'r blaen?
> Ble dych chi eisiau mynd ar y maes?
> Beth dych chi eisiau wneud?
> Beth mae'r plant eisiau wneud?
> Beth dych chi eisiau i fwyta? Ac i yfed?
> Beth dych chi eisiau brynu?
> Dych chi'n gwybod ble mae'r Cwtsh Cymraeg?

Ymadroddion defnyddiol	Useful phrases
Dych chi'n siarad Cymraeg?	*Do you speak Welsh?*
Dych chi'n cystadlu?	*Are you competing?*
Maen nhw'n dda, on'd ydyn nhw!	*They're good, aren't they!*
Chwarae teg	*Fair play / Well done*
Dim ots. Tro nesa	*Never mind. Next time*
Gwnest ti'n dda, cariad	*You did well, love*
Pob hwyl	*Good luck / all the best*
Llongyfarchiadau!	*Congratulations!*

Try creating some dialogues with your partner, using these phrases.

Beth arall sy yn yr Eisteddfod?

Match the titles to the photos. (Start with the easy ones.)

- ◯ cystadlaethau canu
- ◯ drama
- ◯ cerddoriaeth fyw
- ◯ arddangosfa celf a chrefft
- ◯ wal ddringo
- ◯ pwll canŵio
- ◯ peintio wynebau
- ◯ ffair
- ◯ trên bach

Drama yw rhif dau.

1

Beth arall mae'r Urdd yn wneud?

- ▪ Mae **Clybiau'r Urdd** i gael dros Gymru

- ▪ Mae 50,000 o bobl ifanc yn aelodau *(members)*, a 30% yn ddysgwyr

- ▪ Mae plant yn aros yn y **Gwersylloedd** *(camps)* yn **Llangrannog**, **Canolfan y Mileniwm**, **Caerdydd** a **Glan-llyn** ar bwys y Bala

- ▪ Mae'r Urdd yn trefnu *(to arrange)* **tîmau a gemau chwaraeon**: rygbi, nofio, pêl-droed, gymnasteg, ac athletau

- ▪ Mae storïau diddorol yn y **cylchgronau Cip**, **iaw!** a **Bore Da**

Am wybodaeth bellach *(further information)*: www.urdd.org

2

3

4

5

6

7

8

9

Deialog

**Mae Tad-cu eisiau gweld y
rhagbrawf** *(preliminary round)* **dawns.**

Stiward:	Helo 'na. Dych chi eisiau help?
Tad-cu:	Ydyn, os gwelwch chi'n dda. Ble mae'r rhagbrawf **dawns**?
Stiward:	Yn ystafell **pump**. Ydy'r plant yn cystadlu?
Tad-cu:	Nac ydyn, ond dyn ni eisiau gwylio.
Stiward:	Dim problem o gwbl. Ewch i mewn.
Tad-cu:	Diolch o galon i chi.
Stiward:	Pleser. Hwyl fawr.

 Cân Aderyn melyn

Aderyn melyn i fyny yn y goeden fanana, banana.
Aderyn melyn i fyny yn y goeden fanana.

Cytgan
Paid â mynd i ffwrdd,
Paid â fflio i ffwrdd,
Paid â mynd i ffwrdd,
Paid â fflio i ffwrdd,
Paid â mynd i ffwrdd,
Paid â mynd i ffwrdd,
Paid â mynd i ffwrdd nawr,
Ww, 3,2,1, Cha Cha Cha.

Aderyn coch i fyny yn y goeden domato, tomato.
Aderyn coch i fyny yn y goeden domato.   **Cytgan**

Aderyn brown i fyny yn y goeden siocled, siocled.
Aderyn brown i fyny yn y goeden siocled.   **Cytgan**

Geirfa Uned 21

atig	*attic*
brwsh**(ys)** paent	*paintbrush(es)*
cardigan	*cardigan*
crys**(au)** T	*t-shirt(s)*
gitâr	*guitar*
oergell	*refrigerator*
papur**(au)** newydd	*newspaper(s)*
poced	*pocket*
raced dennis	*tennis racket*
racedi tennis	*tennis rackets*
sbectol haul	*sunglasses*
sied	*shed*
gwell	*better*
perffaith	*perfect*

Uned Adolygu

uned 15
1. Mae **jigso yn y bocs**
2. Beth sy **ar y bocs**?
3. Ydy'r **Lego yn y drôr**?   Ydy / Nac ydy
4. Rho'r **Lego yn y drôr**, plîs

uned 16
1. un wncwl, dau wncwl, tri wncwl,
   pedwar wncwl, pum wncwl
   un anti, dwy anti, tair anti,
   pedair anti, pum anti
2. Sawl **wncwl** sy 'na?
3. un dyn, dau **dd**yn, tri dyn, pedwar dyn, pum dyn
   un **f**enyw, dwy **f**enyw, tair menyw, pedair menyw,
   pum menyw
4. Sawl **llew sy yn y jyngl**?

uned 17
1. Mae'r **cylch** yn **g**och   (Treiglad Meddal)
2. Pa liw yw'r **sgwâr**?
3. Pa liw **wyt t**i eisiau?
4. car **c**och het **g**och

uned 18
1. Mae **car** gyda **fi**
2. Does dim **arian** gyda **fi**
3. Beth sy gyda **ti / chi?**
4. Mae **byji melyn** gyda **fi**

uned 19
1. Oes **brawd** gyda **ti / chi?**   Oes / Nac oes
2. Mae **dau** o blant gyda **fi**
3. Faint o blant sy gyda **ti / chi?**
4. Mae **ychydig** o **fwyd** gyda **Catrin**

uned 20
(Eisteddfod yr Urdd – dim patrymau newydd)

Gweithgareddau Adolygu

uned 15
Glanhau'r Tŷ *Spring Cleaning*

You and your child are moving some items to store elsewhere. Ask your child what is stored in various locations, and tell him / her to put it somewhere else.

> Beth sy yn y drôr?

> Mae Lego yn y drôr.

> Rho'r Lego yn y bocs, plîs

> Dyna ni.

Ble?

cwpwrdd	bocs	o dan y gwely
ar bwys y drws	bag	bin sbwriel
sied	atig	silff

Beth?

cardigan las	crysau T	brwshys paent
papurau newydd	ffotos	sbectol haul
racedi tennis	gemau bwrdd	gitâr

> Dyna well!

> Perffaith!

uned 16
Count up to six of these people/items.

athro	athrawes	beic	bisged
drws	doli	gwely	gardd
mecanic	mam-gu	ysbyty	theatr

Gwaith newydd

After tri, *masculine nouns need an Aspirate Mutation* (Treiglad Llaes). *This is very easy: only three letters mutate (p, t, c). Just add* h *after these letters.*

Pysgodyn	→	tri **ph**ysgodyn
Tŷ	→	tri **th**ŷ
Car	→	tri **ch**ar

Try counting these up to six:

plentyn, plismon, pwdin	tad, trên, teulu	camera, castell, ci
plismones, pêl	teisen	cyfnither, cot, cadair

uned 17
Siapiau, rhifo a lliwiau

Oes triongl yn y bocs?

Oes

Sawl un sy 'na?

Pedwar triongl.

Pa liw ydyn nhw?

Maen nhw'n wyrdd.

Partner 1:
Cover the box below. Ask Partner 2 the above questions about the six shapes you have learnt. Draw the relevant items on a piece of paper.

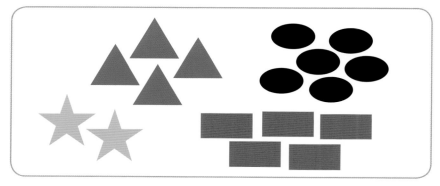

Partner 2:
Cover the box below. Ask the questions about: **doli, llyfr, cath, pysgodyn, pêl rygbi, het**. *Draw the relevant items on a piece of paper.*

uned 18-19

a. *List all the vocabulary you have learnt relating to family members and relatives.*

_____ _____ _____

_____ _____ _____

_____ _____ _____

b. *Ask your partner if they have a brother, sister, cousin, aunt, uncle and children. If so, ask how many. Make notes below.*

_____

_____

_____

c. *Find a new partner, and tell them what you have found out.*
d. *Find out what car and what mobile phone your partner has (use* **Pa…?**).
e. *Find out how much (or how many) spare time, toys, friends, food, clothes and shoes your partner has. Use* **llawer, ychydig, gormod, digon** *in your answers.*

Geirfa Uned 22

Cymru	Wales	llysieuwr /	vegetarian
Ffrainc	France	llysieuwraig	
Iwerddon	Ireland		
Lloegr	England	bwyta allan	to eat out
y Swistir	Switzerland	(ma's)	
yr Alban	Scotland	casáu	to hate
yr Almaen	Germany	tyfu	to grow
yr Eidal	Italy		
gwlad	country	drud	expensive
rhif	number	iach	healthy
archfarchnad	supermarket		
cnau coco	coconuts	yn aml	often
		yn wreiddiol	originally

dechrau →

Beth sy yn eich oergell chi?

Give three instructions to put things away.

Beth yw
What's on telly tonight
yn Gymraeg?

Count up to five sons and five daughters.

Sawl person sy yn y dosbarth?

Beth yw
There are two lions in the jungle
yn Gymraeg?

Beth dych chi'n gallu wneud yn yr Eisteddfod?

Name six colours and six shapes
yn Gymraeg.

Trac adolygu

Dych chi'n mynd i'r Eisteddfod nesa?

Pa liw wyt ti'n hoffi?

Dych chi wedi bod yn Eisteddfod yr Urdd?

Beth yw
black dog, black cat, red car, red hat
yn Gymraeg?

Faint o bobl sy yn eich teulu chi?

Oes cyfrifiadur gyda eich plentyn chi?

Oes anifail anwes gyda ti?

Say three things you have in your house, and three things you don't.

Beth yw
I haven't got anything
yn Gymraeg?

Beth sy gyda chi yn eich bag (neu yn eich poced)?

Mae coffi'n dod o Frasil

Coffee comes from Brazil

Themâu: gwledydd, bwyd a diod
Themes: countries, food and drink

Content:

- *countries*
- *their produce*
- *where people come from*

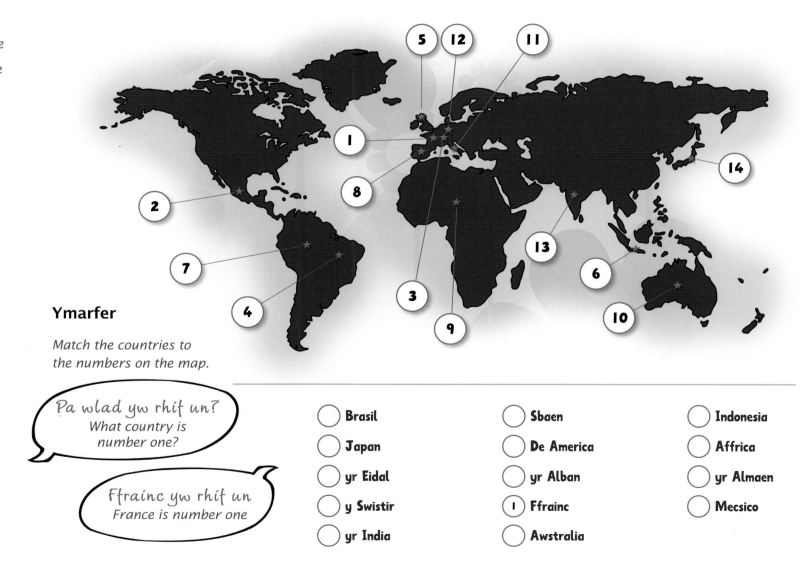

Ymarfer

Match the countries to the numbers on the map.

Pa wlad yw rhif un?
What country is number one?

Ffrainc yw rhif un
France is number one

- ⚪ **Brasil**
- ⚪ **Japan**
- ⚪ **yr Eidal**
- ⚪ **y Swistir**
- ⚪ **yr India**

- ⚪ **Sbaen**
- ⚪ **De America**
- ⚪ **yr Alban**
- 1 **Ffrainc**
- ⚪ **Awstralia**

- ⚪ **Indonesia**
- ⚪ **Affrica**
- ⚪ **yr Almaen**
- ⚪ **Mecsico**

1.

Mae coffi'n dod o Frasil	*Coffee comes from Brazil*
Mae bananas yn dod	*Bananas come from*
o Dde America	*South America*
Mae nwdls yn dod o Japan	*Noodles come from Japan*
Mae reis yn dod o'r India	*Rice comes from India*

2.

O ble mae te'n dod?	*Where does tea come from?*
O ble mae orennau'n dod?	*Where do oranges come from?*
O ble mae cnau coco'n dod?	*Where do coconuts come from?*
O ble mae afocados yn dod?	*Where do avocados come from?*

 Gyda'ch plentyn

Use patterns 1 and 2 to discuss with your child where the produce in the pictures comes from.

Sgwrsio

■ Beth dych chi'n hoffi ei fwyta ac yfed? Beth dych chi ddim yn hoffi?

■ Pwy sy'n coginio yn eich tŷ chi? Beth dych chi'n gallu ei goginio?

■ Dych chi'n hoffi prynu bwyd? Ble dych chi'n siopa am fwyd: mewn siopau bach? yn yr archfarchnad? mewn marchnad neu siop fferm?

■ Dych chi'n prynu bwyd Masnach Deg *(Fair Trade)*?

■ Dych chi'n tyfu bwyd yn yr ardd?

■ Dych chi'n bwyta allan yn aml? Ble dych chi'n hoffi mynd?

■ Dych chi'n hoffi rhaglenni coginio ar y teledu? Pwy dych chi'n hoffi?

■ Dych chi'n bwyta cig, neu dych chi'n llysieuwr(aig)? Dych chi'n bwyta'n iach?

3.

Dw i'n dod o Bontardawe	*I come from Pontardawe*
Rwyt ti'n dod o Dongwynlais	*You come from Tongwynlais*
Mae Terry'n dod o Gaerdydd	*Terry comes from Cardiff*
Mae pawb yn dod o'r Fenni	*Everybody comes from Abergavenny*

4.

O ble wyt ti'n dod?	*Where do you come from?*
O ble mae'r tiwtor yn dod?	*Where does the tutor come from?*
O ble maen nhw'n dod?	*Where do they come from?*
O ble dych chi'n dod yn wreiddiol?	*Where do you come from originally?*

Ymarfer

a. Work with a partner. Ask each other where you're from. Use the places listed below.

b. Find out where five other people in the class come from originally, and fill in the grid.

enw	dod o
Meri Ann	Llanelli

Pentre'r Eglwys
Porthaethwy
Trebanog
Tregroes
Corwen
Caeredin
Bryste
Blaengarw
Dinbych-y-Pysgod
Dyfnaint

Gwent
Glastonbury
Llangynwyd
Llundain
Merthyr
Manceinion
Rhaeadr Gwy
Rhyd-y-groes
Y Trallwng

Deialog

Mae Dad (neu Mam) ac Alex yn ASDA.
Dyn nhw ddim yn hoffi siopa am fwyd.

Alex:	O, na! Dim **afocado**! Dw i'n casáu **afocado**.
Rhiant:	Dere! Mae **e**'n dda i ti.
Alex:	Na'dy, ddim. Ych-a-fi!
Rhiant:	Wyt ti'n gwybod o ble mae **afocados** yn dod?
Alex:	Ydw, wrth gwrs. O ASDA.
Rhiant:	ASDA, wir. **Maen nhw**'n dod o **Dde America**.
Alex:	**Ydyn nhw**, wir? Mewn awyren?
Rhiant:	**Ydyn**. Dyna pam **maen nhw**'n ddrud.

 Cân O ble mae te'n dod?

O ble mae **te'n** dod? O ble mae **te'n** dod?
O ble mae **e'n** dod?
Mae **e**'n dod o **Frasil,** dod o **Frasil**, dod o **Frasil**.

2. gwin   Ffrainc
3. orennau   Affrica
4. coffi   De America

Geirfa Uned 23

amgueddfa	*museum*
banc	*bank*
caffi	*café*
llyfrgell	*library*
pwll nofio	*swimming pool*
sinema	*cinema*
bale	*ballet*
sioe gerdd	*a musical*
gwyliau	*holidays*
penwythnos	*weekend*
(yr) wythnos nesa(f)	*next week*
dros	*over*
ar ôl	*after*
gwych	*great*
mynd i'r gwaith	*to go to work*
mwynhau	*to enjoy*

Ble wyt ti'n mynd?

Where are you going?

Themâu: y dre, hamdden, teithio
Themes: town, leisure, travel

Content:

- *going to places in town*
- *going to cities and towns*

1.

Dw i'n mynd i'r ysgol nawr	*I'm going to school now*
Rwyt ti'n mynd i'r gwely nawr	*You're going to bed now*
Mae hi'n mynd i'r sioe gerdd nawr	*She's going to the musical now*
Mae e'n mynd i'r bingo nawr	*He's going to the bingo now*
Wyt ti'n mynd i'r gwaith nawr?	*Are you going to work now?*
Ydw / Nac ydw	*Yes, I am / No, I'm not*

2.

Ble wyt ti'n mynd fory?	*Where are you going tomorrow?*
Ble dych chi'n mynd yr wythnos nesa?	*Where are you going next week?*
Ble mae e'n mynd dros y penwythnos?	*Where is he going over the weekend?*
Ble mae hi'n mynd dros y gwyliau?	*Where is she going over the holidays?*

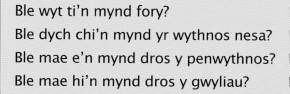

nodiadau ■ In English, *the* is omitted in phrases such as *going to school, to work, to bed, to town*. In Welsh, *the* is always included: **mynd i'r ysgol** and so on.

Ymarfer

a. Say four places you are going to, and four places you are not. Say when you are/are not going.
b. Choose a picture. Your partner must ask questions to find out where you're going (pattern 1).

c. Talk about which places you enjoy going to, and which you don't.

Dw i'n mwynhau mynd i'r sinema yn fawr.

Dw i ddim yn mwynhau mynd i'r gwaith o gwbl.

Wyt ti'n mwynhau mynd i'r parc?

3.

Dyn ni'n mynd i Bontypridd	*We're going to Pontypridd*
Dyn ni ddim yn mynd i Dre-saith	*We're not going to Tre-saith*
Maen nhw'n mynd i Gaerfyrddin	*They're going to Carmarthen*
Dyn nhw ddim yn mynd i Fargoed	*They're not going to Bargoed*

4.

Wyt ti'n mynd i Lwynypïa?	*Are you going to Llwynypïa?*
Dych chi'n mynd i Langyfelach?	*Are you going to Llangyfelach?*
Ydy e'n mynd i Faesteg?	*Is he going to Maesteg?*
Ydy hi'n mynd i Rydaman?	*Is she going to Ammanford?*

 Ymarfer

Ask some of the others in the class which places on the map they are going to. Fill in the grid.

enw			
yfory			
dros y penwythnos			
dros y gwyliau			
yr wythnos nesa			

When you have finished, tell your partner about some of the others' plans.

Bangor

Trawsfynydd

Dolgellau

Aberystwyth

Llandrindod

Caerfyrddin

Rhydaman

Merthyr Tudful

Glyn Nedd

Port Talbot

Deialog

Ar ôl ysgol

Rhiant: **Rhun**, rwyt ti'n mynd i'r **bale** ar ôl ysgol.

Plentyn: O, na! Dw i ddim yn mwynhau **bale** o gwbl. Mae e'n ddiflas.

Rhiant: **Hedd**, rwyt ti'n mynd i **jiwdo** ar ôl ysgol.

Plentyn: O, bril! Dw i'n mwynhau **jiwdo** yn fawr. Mae e'n wych!

 Cân **Mynd drot drot**

Mynd drot drot ar y gaseg wen,
Mynd drot drot i'r dre.
Mam yn dod 'nôl dros fryn a dôl
A rhywbeth neis neis i de!

Teisen i Sil, banana i Bil
A rhywbeth i'r gath a'r ci.
Afal mawr iach i Ben y gwas bach
A rhywbeth neis neis i fi!

Geirfa Uned 24

anghenfil	*monster*
crys	*shirt*
ffrog	*frock*
lein ddillad	*clothes line*
llawr	*floor*
pêl, **peli**	*ball, balls*
siwmper	*jumper*
cegin	*kitchen*
ystafell haul	*conservatory*
ystafell 'molchi	*bathroom*
lolfa	*living room*
reit	*right, fine*
meddwl	*to think*
pigo	*to pick, to sting*

Radio pwy yw hwnna?

Whose radio is that?

Themâu: y cartref, y teulu
Themes: home, family

Content:

- *what belongs to whom*
- *who is related to whom*

1.

Radio **Anwen** yw hwnna	*That's Anwen's radio*
Bocs **Paul** yw hwnna	*That's Paul's box*
Siwmper **Tony** yw honna	*That's Tony's jumper*
Het **Rhian** yw honna	*That's Rhian's hat*

2.

Bocs pwy yw hwnna?	*Whose box is that?*
Crys pwy yw hwnna?	*Whose shirt is that?*
Ffrog pwy yw honna?	*Whose frock is that?*
Pêl pwy yw honna?	*Whose ball is that?*

 Ymarfer

a. Talk about who the items pictured belong to, using patterns 1 and 2.
b. Talk about where the various people are, and what they're doing.

 siwmper
Tony

 radio
Anwen

 het
Paul

 bocs
Sheila

 ffrog
Rhian

 crys
Aron

 pêl
Pero

 cylchgrawn
Aron

 cot
Sheila

 crys T
Rob

 gitâr
Tony

 ffôn symudol
Mrs Jones

3. Teulu Mrs Jones: pwy yw pwy?

Brawd Mrs Jones yw Paul	*Paul is Mrs Jones' brother*
Chwaer Mrs Jones yw Sheila	*Sheila is Mrs Jones' sister*
Gŵr Mrs Jones yw Rob	*Rob is Mrs Jones' husband*
Mam Mrs Jones yw Anwen	*Anwen is Mrs Jones' mother*
Pwy yw Paul?	*Who's Paul?*

Tony Anwen Paul

Sheila Rhian Aron

Rob Pero Mrs Jones

Cadi Jason Gruff Dewi
Anita Paul
Calon Mali

4.

Tad Mari yw hwnna	*That's Mari's father*
Tad-cu Rhisiart yw hwnna	*That's Rhisiart's grandfather*
Mam Toby yw honna	*That's Toby's mother*
Mam-gu Seren yw honna	*That's Seren's grandmother*

5.

Tad pwy yw hwnna?	*Whose father is that?*
Mam pwy yw honna?	*Whose mother is that?*
Tad-cu pwy yw Terry?	*Whose grandfather is Terry?*
Mam-gu pwy yw Olivia?	*Whose grandmother is Olivia?*

Ymarfer

Work out who the adults in the picture are, using patterns 4 and 5.

Deialog

Mae'r plant wedi bod yn chwarae.
Mae'n amser tacluso nawr.

Rhiant: **Gêm** pwy yw **honna** ar y llawr?

Plentyn: Un **Glyn**, dw i'n meddwl.

Rhiant: Iawn. Rho **hi** yn stafell **Glyn** 'te, plîs.

Plentyn: Reit. …O! Beth yw hwnna, **Dad**?

Rhiant: Dw i ddim yn gwybod beth yw hwnna!

Pawb: Aaaaaa! Rhedwch, bawb!

 Cân Siwmper pwy yw honna?

Siwmper pwy yw **honna**? **Siwmper** pwy yw **honna**?
Dw i ddim yn gwybod **siwmper** pwy yw hi!
Siwmper pwy yw honna? **Siwmper** pwy yw **honna**?
Dw i ddim yn gwybod **siwmper** pwy yw **hi**!

2. radio
3. mam
4. brawd
5. brechdan

Geirfa Uned 25

gwisg ysgol	*school uniform*
trwyn	*nose*
tro	*turn (in a game or on road)*
gwallt	*hair*
trowsus	*trousers*
maneg, menig	*glove, gloves*
wyneb(au)	*face(s)*
problem(au)	*problem(s)*
llaw, dwylo	*hand, hands*
pyjamas	*pyjamas*
sgarff(iau)	*scarf, scarves*
anghofio	*to forget*
brwsio	*to brush*
cyfri(f)	*to count*
caru	*to love*
galw	*to call*
pacio	*to pack*
sychu	*to dry, to wipe*
popeth yn iawn	*no problem (everything's fine)*

Dyma dy got di

Here's your coat

Themâu: y cartref, dillad
Themes: home, clothes

Content:

- *saying 'your'
  (the possessive)*

1.

Dyma dy **g**ot di	Dyma eich **c**ot chi	*Here's your coat*
Dyma dy **d**rowsus di	Dyma eich **t**rowsus chi	*Here are your trousers*
Dyma dy **f**eic di	Dyma eich **b**eic chi	*Here's your bike*
Dyma dy **l**yfrau di	Dyma eich **ll**yfrau chi	*Here are your books*

rhieni

llyfrau

2.

Ble mae dy **g**ar di?	Ble mae eich **c**ar chi?	*Where's your car?*
Ble mae dy **d**eganau di?	Ble mae eich **t**eganau chi?	*Where are your toys?*
Ble mae dy **b**êl di?	Ble mae eich **p**êl chi?	*Where's your ball?*
Ble mae dy **f**ag di?	Ble mae eich **b**ag chi?	*Where's your bag?*

cardigan

gwisg ysgol

 Ymarfer

*Point at the pictures and
practise patterns 1 and 2.*

Ble mae dy got di? Dyma dy got di!

teganau

bag

pêl

dillad chwaraeon

menig

---

nodiadau

- **Dy** and **eich** mean 'your'. **Dy** causes a soft mutation; **eich** does not

- In some cases, we add **di** / **chi** after the possessed item:
  dy got (di)   eich cot (chi)

- Following a vowel, **eich** is often shortened to **'ch**:
  Dyma'ch cot chi
  Ble mae'ch car chi?
  Beth yw'ch enw chi?

3. Paratoi i fynd allan *Getting ready to go out*

Golcha dy wyneb	Golchwch eich wynebau	*Wash your face(s)*
Brwsia dy _wallt	Brwsiwch eich **g**wallt	*Brush your hair*
Sycha dy **d**rwyn	Sychwch eich **t**rwynau	*Wipe your nose(s)*
Cofia dy **f**ag	Cofiwch eich **b**agiau	*Remember your bag(s)*
Paid colli dy **f**enig	Peidiwch colli eich **m**enig	*Don't lose your gloves*

Ymarfer

a. Match the words in the two boxes below to make more instructions.

golchi	pacio	ffonio
glanhau	aros	cyfri
yfed	gwneud	galw
gwisgo	anghofio	bwyta

esgidiau	problemau	arian
brechdanau	dwylo	cot
tro	rhieni	llyfrau
gwaith cartref	llaeth	mam-gu

b. Write some of them below.

ti

chi

4.

Wyt ti eisiau gwisgo dy **g**rys **c**och?	*Do you want to wear your red shirt?*
Wyt ti eisiau gwisgo dy **g**ot _las?	*Do you want to wear your blue coat?*
Wyt ti eisiau gwisgo dy esgidiau du?	*Do you want to wear your black shoes?*
Dych chi eisiau gwisgo eich **c**rysau **c**och?	*Do you want to wear your red shirts?*
Dych chi eisiau gwisgo eich **c**otiau **g**las?	*Do you want to wear your blue coats?*
Dych chi eisiau gwisgo eich esgidiau du?	*Do you want to wear your black shoes?*

Ymarfer

Gyda'ch plentyn

Tick any five items pictured that you want to wear. Your partner has to find out which ones. Tomorrow morning, ask your child(ren) what clothes they want to wear.

Deialog

Mae Eirian yn dod adre o'r ysgol.
Weithiau, mae Eirian yn anghofio pethau...

Rhiant:	Helo, cariad bach. Ble mae dy **fag** di?
Plentyn:	O, **ar y bws**, dw i'n meddwl.
Rhiant:	A ble mae dy **drwmped** di?
Plentyn:	O, **ar iard yr ysgol**, dw i'n meddwl.
Rhiant:	A ble mae dy **ddillad** di?
Plentyn:	O, dw i ddim yn cofio. Sori, **Dad**.
Rhiant:	Popeth yn iawn, cariad bach. Dyma dy **de** di.

Geirfa Uned 26

bara garlleg	*garlic bread*
bresych	*cabbage*
caws ar dost	*cheese on toast*
ceirios	*cherries*
grawnffrwyth	*grapefruit*
mefus	*strawberries*
melon	*melon*
ŵy wedi'i ffrïo	*fried egg*
winwns	*onions*
gwiwer	*squirrel*
partner	*partner*
pennaeth	*boss, headteacher*
yma ('ma)	*here*
yno ('na)	*there*
..., chwaith	*..., either*
Beth am...?	*What about...?*

 Cân Ble mae dy grys di?
Tôn: *Dacw Mam yn Dŵad*

Ble mae dy **grys** di?	Yn sychu ar y lein.
Ble mae dy **drowsus** di?	Yn sychu wrth y tân.
Ble mae dy **sanau** di?	Yn sychu ar y llwyn.
A ble mae popeth arall?	Mewn basged ar y llawr.

2. cot   menig   het
3. sgert   sgarff   bag

Banc dillad

Clothes bank

This list is for you to dip into as and when needed. There's no need to memorise these words at this stage.

Cymraeg	Saesneg	Cymraeg	Saesneg	Cymraeg	Saesneg
bag	bag	ffrog	frock	top	top
band gwallt	hairband	gemau	jewellery	treinyrs	trainers
bathodyn	badge	gwasgod	waistcoat	trwser, trowsus	trousers
blows	blouse	gwisg briodas	wedding dress	waled	wallet
breichled	bracelet	gwisg ffansi	fancy dress	wats	watch
cardigan	cardigan	gwisg ysgol	school uniform	welingtons	wellingtons
clustdlysau	earrings	gwregys	belt	ymbarel	umbrella
colur	make-up	hances	handkerchief		
cot fawr	overcoat	helmed	helmet		
cot law	raincoat	het	hat		
crys	shirt	maneg	glove		
crys T	t-shirt	menig	gloves		
dillad pob dydd	everyday clothes	minlliw	lipstick		
dillad chwarae	play clothes	modrwy	ring		
dillad cynnes	warm clothes	mwclis	necklace		
dillad ffasiynol	fashion clothes	mwgwd	mask		
dillad gaeaf	winter clothes	nicers, nicyrs	knickers		
dillad gwaith	work clothes	pants, trôns	pants		
dillad haf	summer clothes	pwrs	purse		
dillad isaf	underwear	pyjamas	pyjamas		
dillad masnach deg	fair trade clothes	sanau	socks		
dillad nofio	swimwear	sandalau	sandals		
dillad nos	nightwear	sbectol	glasses		
dillad tywydd gwlyb	wet weather clothes	sgarff	scarf		
dillad ysgol	school clothes	sgert	skirt		
esgidiau	shoes	siaced	jacket		
esgidiau chwaraeon	sports shoes	siorts	shorts		
esgidiau sodlau uchel	high-heeled shoes	siwmper	jumper		
fest	vest	siwt	suit		
ffedog	apron	sliperi	slippers		
ffon	walking stick	tatŵ	tattoo		

Gwybodaeth ddefnyddiol
Useful information

The BBC Learn Welsh page lists a variety of useful websites, including:
· Big Welsh Challenge
· Catchphrase
· Colin and Cumberland
· Living in Wales
· Pigion Radio Cymru
· Welsh at Home
· Welsh in the Workplace

http://www.bbc.co.uk/wales/learning/learnwelsh/

The learners' section of the S4C website provides background to help learners understand Welsh language programmes, with subtitles in both languages. There are also games and wordsearches.

http://www.s4c.co.uk/dysgwyr/

Anagramau

Beth yw'r rhain?

tasw _____

scwiml _____

gnidraac _____

gedoff _____

onadbyth _____

sadwogg _____

tefs _____

paasjmy _____

igemn _____

llaidd faage _____ _____

udusllactys _____

riscen _____

chleebird _____

aiigedus _____

wiggs sogly _____ _____

irespli _____

ceblost _____

syrwegg _____

Darllen: Mynd i barti!

Mae Delyth a Lona'n mynd i barti heddiw. Maen nhw yn yr ystafell chwarae, yn gwisgo. Yn yr ystafell chwarae, mae cwpwrdd dillad mawr, a llawer o ddillad crand a diddorol.

"Ww, dyna ffrog neis! Dw i'n hoffi honna!"
"Ydy, mae hi'n grand iawn. Dyma un binc i ti! Wyt ti eisiau het hefyd?"
"Ydw, plîs! Oes het binc gyda ti?"
"Dw i ddim yn siŵr. Edrycha yn y cwpwrdd."

Mae llawer o hetiau yn y cwpwrdd, ond does dim un binc. Mae Lona'n gwisgo un ddu. Mewn drôr yn y cwpwrdd, mae colur. Dyw Lona ddim yn hoffi colur, ond mae Delyth yn gwisgo minlliw coch.

"Beth yw hwnna? Minlliw? Ych-a-fi, paid! Mae gormod gyda ti nawr."
"Nac oes. Does dim digon gyda fi! Mae'n edrych yn... soffistigedig iawn."
"Soffistigedig? Oce... Beth am *eyeshadow* hefyd?"
"Does dim *eyeshadow* yn y drôr."

Dyn busnes yw tad Delyth a Lona, ac mae e'n gweithio yn Japan, Tsieina, Awstralia a Rwsia. Bob Nadolig, mae e'n dod â dillad egsotig i Delyth, Lona a'u mam.

"Hei, edrycha! Wyt ti'n gwybod beth yw hwn?"
"Kimono, ie? O ble mae e'n dod?"
"O Japan. Un Mami yw e, dw i'n meddwl."
"Iawn. Paid gwisgo hwnna, 'te."

Mae Mami'n dod i mewn.

"Bobol bach! Beth dych chi'n wisgo, ferched? Dych chi'n grand iawn."
"Wrth gwrs! Mae pawb yn gwisgo'n grand i'r parti. Kimono pwy yw hwn, Mami?"
"Kimono Dadi yw e. Peidiwch gwisgo hwnna. Reit, 'te. Mae'n amser mynd i'r parti nawr. Dych chi eisiau gwisgo eich esgidiau newydd?"

Mae Nia wedi bwyta ei chawl

Nia has eaten her soup

Themâu: bwyd a diod, y teulu
Themes: food and drink, family

Content:

- *saying 'his' and 'her'*

1.

Pysgod	ei **b**ysgod (e)	ei **ph**ysgod (hi)	*his / her fish*
Teisen	ei **d**eisen (e)	ei **th**eisen (hi)	*his / her cake*
Cawl	ei **g**awl (e)	ei **ch**awl (hi)	*his / her soup*
Banana	ei **f**anana (fe)	ei **b**anana (hi)	*his / her banana*
Dŵr	ei **dd**ŵr (e)	ei **d**ŵr (hi)	*his / her water*
Grawnwin	ei _rawnwin (e)	ei **g**rawnwin (hi)	*his / her grapes*
Llysiau	ei **l**ysiau (fe)	ei **ll**ysiau (hi)	*his / her vegetables*
Moron	ei **f**oron (e)	ei **m**oron (hi)	*his / her carrots*
Rhiwbob	ei **r**iwbob (e)	ei **rh**iwbob (hi)	*his / her rhubarb*
Oren	ei oren (e)	ei **h**oren (hi)	*his / her orange*

2.

Mae Tim wedi bwyta ei **b**ysgod	*Tim has eaten his fish*
Mae e wedi bwyta ei **d**eisen	*He has eaten his cake*
Dyw Tim ddim wedi bwyta ei **g**awl	*Tim hasn't eaten his soup*
Dyw e ddim wedi yfed ei **dd**ŵr	*He hasn't drunk his water*

3.

Mae Nia wedi bwyta ei **ph**ysgod	*Nia has eaten her fish*
Mae hi wedi bwyta ei **th**eisen	*She has eaten her cake*
Dyw Nia ddim wedi bwyta ei **ch**awl	*Nia hasn't eaten her soup*
Dyw hi ddim wedi yfed ei **d**ŵr	*She hasn't drunk her water*

nodiadau

- *Ei* (his) causes a soft mutation, like *dy*. *Ei* (her) causes an aspirate mutation, as seen in Uned 21:
  p → ph   t → th   c → ch
- After *ei* (her), *h* is added to words beginning with a vowel: *ei **h**oren   ei **h**afal   ei **h**ŵy*
- *Ei* is normally pronounced *i*.

 **Ymarfer**

a. Partner 1: say what Tim has eaten (or drunk) according to the ✔ ✗ in each picture. Partner 2: do the same for Nia. When both Tim and Nia have had the same item, use **hefyd**. When neither of them have, use **chwaith**. Then, exchange roles.

> Mae Tim wedi bwyta ei bwdin siocled.

> Mae Nia wedi bwyta ei phwdin siocled hefyd.

> Dyw Tim ddim wedi bwyta ei roliau bara.

> Dyw Nia ddim wedi bwyta ei rholiau bara chwaith.

b. Your partner closes the book. See how much he / she remembers.

> Ydy Nia wedi bwyta ei thatws?

115

4.

Dyma Darren	*This is Darren*	Dyma Karen	*This is Karen*
Dyma ei **b**artner e	*This is his partner*	Dyma ei **ph**artner hi	*This is her partner*
Dyma ei **d**ad e	*This is his father*	Dyma ei **th**ad hi	*This is her father*
Dyma ei **g**efnder e	*This is his male cousin*	Dyma ei **ch**efnder hi	*This is her male cousin*

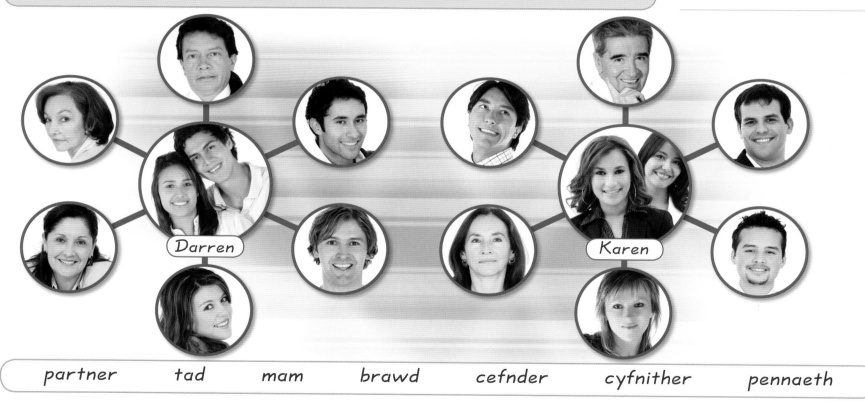

partner   tad   mam   brawd   cefnder   cyfnither   pennaeth

Ymarfer:
Teulu a ffrindiau Darren a Karen

Work out who Darren and Karen's associates are, and use pattern 4 to introduce them.

Deialog

Mae Tad-cu'n ffonio, ac eisiau gwybod beth mae pawb yn wneud.

Tad-cu:*   Noswaith dda. Ydy Mam yno? Beth mae hi'n wneud?

Plentyn: Helo, Dad-cu. Mae Mam yn **golchi ei gwallt**.

Tad-cu: Beth am dy dad?

Plentyn: Mae e yma. Mae e'n **golchi ei wallt** hefyd.

Tad-cu: A beth am dy frawd a dy chwaer? Ydyn nhw yno?

Plentyn: Mae Lisa'n **gwneud ei gwaith cartref**, a Geraint **yn smwddio ei grys ysgol**.

Tad-cu: Wel, dyna blant da!

*neu Mam-gu

Geirfa Uned 27

cod post	*postcode*
cyfeiriad	*address, direction*
cyfrifiaduron	*computers*
dannedd	*teeth*
e-bost	*e-mail*
enw(au)	*name(s)*
ffair haf	*summer fair*
ffeil(iau)	*file(s)*
ffonau symudol	*mobile phones*
neuadd	*hall*
plentyn	*child*
siaced(i)	*jacket(s)*
tabled(i)	*tablet(s)*
ŵy/wyau Pasg	*Easter egg/eggs*
ffeindio	*to find*

 Cân   Mi Welais Jac-y-Do

1	2	3
Mi welais jac-y-do	Mi welais eliffant pinc	Mi welais wiwer ddu
Yn eistedd ar ben to,	Yn eistedd yn y sinc,	Yn eistedd ar ben tŷ,
Het wen am ei ben	Yn darllen map	Het wen am ei phen
A dwy goes bren,	O dan y tap,	A dwy goes bren,
Ho-ho-ho-ho-ho-ho.	Ha-ha-ha-ha-ha-ha.	Hi-hi-hi-hi-hi-hi.

Beth yw dy enw di?

What's your name?

Themâu: y cartref, y teulu
Themes: home, family

Content:

- *exchanging basic personal details*

- *saying 'our' and 'their'*

1.

Beth yw dy enw di?	Beth yw'ch enw chi?	*What's your name?*
Beth yw dy **r**if ffôn di?	Beth yw'ch rhif ffôn chi?	*What's your phone number?*
Beth yw dy **g**yfeiriad e-bost di?	Beth yw'ch cyfeiriad e-bost chi?	*What's your e-mail address?*
Beth yw dy **g**yfeiriad di?	Beth yw'ch cyfeiriad chi?	*What's your address?*
Beth yw dy **g**od post di?	Beth yw'ch cod post chi?	*What's your postcode?*

 Ymarfer

Ask others in the class the questions you have learnt, and fill in the grid. If preferred, assumed identities may be used.

enw	rhif ffôn	cyfeiriad e-bost	cyfeiriad	cod post

2.

Beth yw enw dy **b**lentyn di?	Beth yw enw eich plentyn chi?	*What's the name of your child?*
Beth yw lliw dy _wallt di?	Beth yw lliw eich gwallt chi?	*What's the colour of your hair?*
Beth yw lliw dy **g**ar di?	Beth yw lliw eich car chi?	*What's the colour of your car?*
Beth yw rhif dy **d**ŷ di?	Beth yw rhif eich tŷ chi?	*What's the number of your house?*

Ymarfer

Work with a partner. Look at the sample answers to the questions in Block 2. Choose a well-known character. Your partner has to interview you with the above questions, and guess who you are.

Iesu yw ei enw e.

Mae e'n ddu.

Does dim car gyda fi.

Does dim tŷ gyda fi, chwaith.

Mair Magdalen dych chi?

3.

Dyn ni wedi colli ein teganau	*We've lost our toys*
Dyn ni wedi colli ein dillad	*We've lost our clothes*
Dyn ni wedi ffeindio ein **h**arian	*We've found our money*
Dyn ni wedi ffeindio ein **h**wyau Pasg	*We've found our Easter eggs*

4.

Ble mae eu teganau nhw?	*Where are their toys?*
Ble mae eu cinio nhw?	*Where is their lunch?*
Ble mae eu llyfrau nhw?	*Where are their books?*
Ble mae eu **h**ewythr nhw?	*Where is their uncle?*

Ymarfer   *a. Put a ☺ next to any four pictures, and ☹ next to the other four. Tell your partner what you have found (☺) and what you have lost (☹). Use Pattern 3.*

b. *Mr and Mrs Evans are looking for the things pictured on the previous page.*
Ask whether your partner knows where they are, using Pattern 4.
Your partner must think of a suitable answer. Exchange roles.

> Ble mae eu hallweddi nhw?

> Maen nhw yn y drôr

5.

Maen nhw'n brwsio eu dannedd	*They're brushing their teeth*	or	*They brush their teeth*
Maen nhw'n smwddio eu dillad	*They're ironing their clothes*	or	*They iron their clothes*
Dyn nhw ddim yn golchi eu **h**wynebau	*They're not washing their faces*	or	*They don't wash their faces*
Dyn nhw ddim yn glanhau eu **h**esgidiau	*They're not cleaning their shoes*	or	*They don't clean their shoes*

Ymarfer

Choose a pair from the grid. Your partner must guess which pair you've chosen, by asking which things they do, and which things they don't do.

> Ydyn nhw'n smwddio eu dillad?

> Nac ydyn. Dyn nhw ddim yn smwddio eu dillad.

	🪥	🔥	💧	👞
Emma ac Endaf	✔	✘	✔	✘
Owain a Medi	✔	✔	✘	✘
Annalie a Rhian	✘	✔	✔	✘
Shân a Tomos	✔	✘	✘	✔

Deialog

Mae Fflur a Gwynfor yn ffair haf yr ysgol.
Maen nhw eisiau ffeindio eu rhieni.

Plant:	**Mr Phillips**, dych chi wedi gweld ein rhieni ni?
Athro:	Ydw, blant. Maen nhw gyda rhieni eich ffrindiau chi.
Plant:	A ble mae rhieni ein ffrindiau ni?
Athro:	Yn **neuadd yr ysgol**, dw i'n meddwl.
Plant:	Diolch, **Mr Phillips**.

Geirfa Uned 28

bwrdd	*table*
eliffant	*elephant*
haearn smwddio	*iron*
llun	*picture, drawing*
(mam)-yng-nghyfraith	*(mother)-in-law*
whisgi	*whisky*
yn y car	*in the car*
ar y beic	*on the bike*
ar y bws	*on the bus*
ar y trên	*on the train*
ar long	*on a ship*
mewn awyren	*on a plane*
mewn tacsi	*in a taxi*
brown	*brown*
yn y dyddiau nesa(f)	*in the next few days*

 Cân Beth yw dy enw di?

Tôn: *Dau gi bach*

Beth yw dy enw di?	Beth yw dy enw di?	
Dewi Siôn ydw i.	Dewi Siôn ydw i.	Ho, ho, ho!
Beth yw dy rif ffôn di?	Beth yw dy rif ffôn di?	
234784.	234784.	Ho, ho, ho!
Beth yw dy gyfeiriad di?	Beth yw dy gyfeiriad di?	
64 Stryd yr Eglwys.	64 Stryd yr Eglwys.	Ho, ho, ho!
Beth yw dy god post di?	Beth yw dy god post di?	
CF20 3MA.	CF20 3MA.	Ho, ho, ho!

Uned Adolygu

Adolygu Unedau 22 - 27

uned 22

1. Mae **coffi**'n dod o **Frasil**
2. O ble mae **te**'n dod?
3. **Dw i**'n dod o **Bontardawe**
4. O ble **wyt ti**'n dod?

uned 23

1. Dw i'n mynd i'r **ysgol** nawr
2. Ble **wyt ti**'n mynd **fory**?
3. **Dw i**'n mynd i **Bontypridd**
4. **Wyt ti**'n mynd i **Lwynypïa**?

uned 24

1. **Bocs Paul** yw **hwnna**
2. **Bocs** pwy yw **hwnna**?
3. **Brawd Mrs Jones** yw **Paul**   Pwy yw **Paul**?
4. **Mam Toby** yw **honna**
5. **Mam** pwy yw **honna**?

uned 25

1. Dyma dy **got** di   Dyma eich **cot** chi
2. Ble mae dy **gar** di?   Ble mae eich **car** chi?
3. **Golcha** dy **wyneb**   **Golchwch** eich **wynebau**
4. Wyt ti eisiau gwisgo   Dych chi eisiau gwisgo
   dy **grys coch**?   eich **crysau coch?**

uned 26

1. ei **bysgod e**   ei **physgod** hi
2. Mae **Tim** wedi   Mae **Nia** wedi **bwyta**
   bwyta ei **bysgod**   ei **physgod**
4. Dyma ei **bartner** e   Dyma ei **phartner** hi

uned 27

1. Beth yw dy **enw** di?   Beth yw'ch **enw** chi?
2. Beth yw **enw** dy **blentyn** di?   Beth yw **enw** eich **plentyn** chi?
3. Dyn ni wedi **colli** ein **teganau**
4. Ble mae **eu teganau** nhw?
5. Maen nhw'n **brwsio**   Dyn nhw ddim yn **brwsio**
   eu dannedd   **eu dannedd**

Gweithgareddau Adolygu

uned 22

a. You have learnt the names of 17 countries in Welsh. Can you remember them all without checking?

b. Test your partner's knowledge about different countries' produce, using the prompts below.

haggis – Brasil
croissants – Ffrainc
siocled – y Swistir
coffi – De America
afocados – Mecsico
cnau coco – Sbaen

reis – yr India
orennau – Lloegr
bananas – yr Alban
pasta – Indonesia
nwdls – Japan
gwin – yr Almaen

Ydy haggis yn dod o Frasil?

Na'dy, dyw haggis ddim yn dod o Frasil. Mae e'n dod o'r Alban.

c. Ask each other where other members of the class come from. If you don't know where people are from, ask them.

d. **Celebrities' Hometowns Quiz!**

Dych chi'n gwybod o ble maen nhw'n dod yn wreiddiol? *Match the celebrities to their hometowns.*

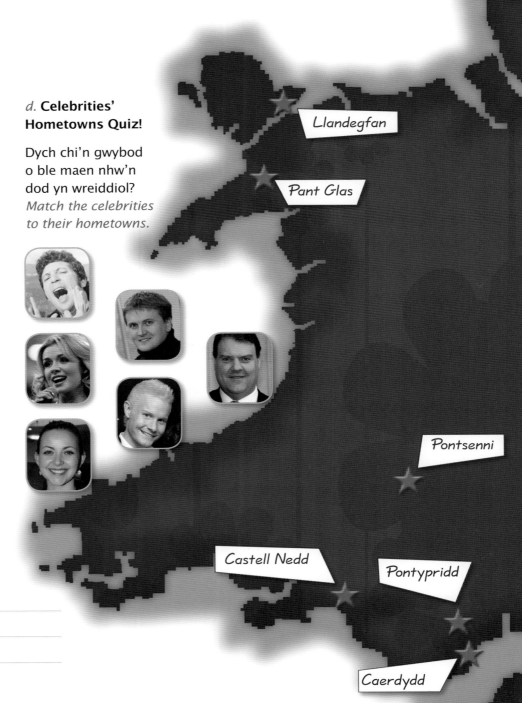

Llandegfan

Pant Glas

Pontsenni

Castell Nedd

Pontypridd

Caerdydd

uned 23
Ble maen nhw'n mynd?

Mae Alun yn mynd yn y car i Fro Ogwr.

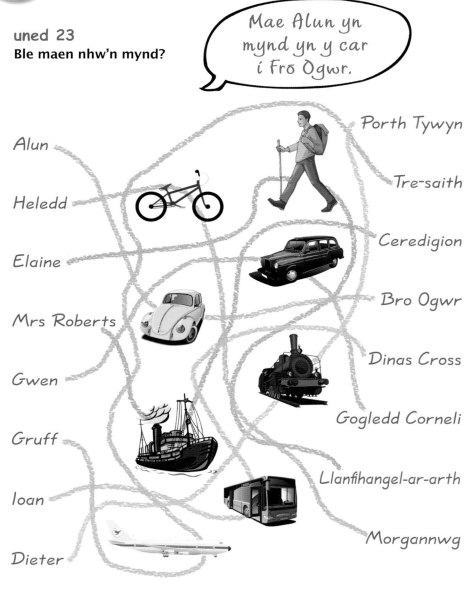

Alun

Heledd

Elaine

Mrs Roberts

Gwen

Gruff

Ioan

Dieter

Porth Tywyn

Tre-saith

Ceredigion

Bro Ogwr

Dinas Cross

Gogledd Corneli

Llanfihangel-ar-arth

Morgannwg

Ble dych chi'n mynd yn y dyddiau nesaf? Beth am eich plentyn?

uned 24
Dych chi'n cofio?

Radio pwy yw hwnna?   Radio Anwen yw hwnna

radio   haearn smwddio   cyfrifiadur   bocs

cot   ffrog   siaced   het

Coeden Achau *Family Tree*

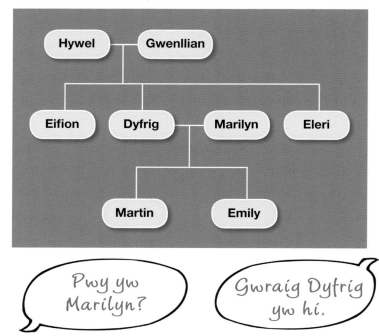

Pwy yw Marilyn?

Gwraig Dyfrig yw hi.

uned 25 a 26

y Meddiannol *the Possessive*

Throw the dice for each item. Use the diagram to say who it belongs to. (In this pattern, it doesn't matter whether the item is masculine or feminine.)

> *Pump! Iawn, 'te. Dyma ein hawyren ni.*

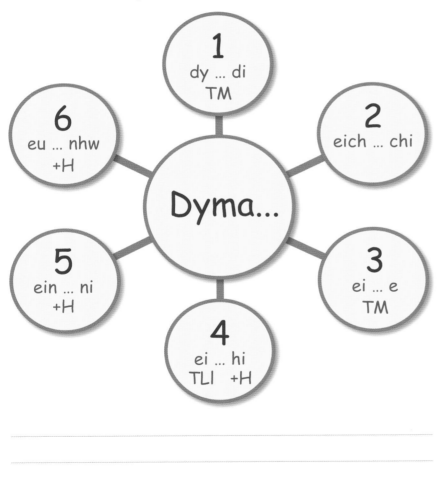

Dyma...

1 — dy ... di — TM

2 — eich ... chi

3 — ei ... e — TM

4 — ei ... hi — TLl   +H

5 — ein ... ni — +H

6 — eu ... nhw — +H

uned 27

a. What are the questions to these answers?

_____ ?

Donna Hooper ydw i.

_____ ?

07840 760397.

_____ ?

dhooper26@yahŵ.co.uk.

_____ ?

14, Clos y Ddraig, Llanfforest.

_____ ?

CF31 9HE.

_____ ?

Lucas, Callum a Llinos yw eu henwau nhw.

_____ ?

Mae e'n frown, ac mae *highlights* gyda fi.

_____ ?

Volkswagen yw e.

_____ ?

14.

b. Ask your partner these questions
(without reading them aloud, if you can).

Geirfa Uned 29

oedran	*age*
pen-blwydd	*birthday*
pennau blwyddi	*birthdays*
babi	*baby (less formal than* baban*)*
mis(oedd)	*month(s)*
gwisg ffansi	*fancy dress*
môr-ladron	*pirates*
peli paent	*paintball*
Ionawr	*January*
Chwefror	*February*
Mawrth	*March*
Ebrill	*April*
Mai	*May*
Mehefin	*June*
Gorffennaf	*July*
Awst	*August*
Medi	*September*
Hydref	*October*
Tachwedd	*November*
Rhagfyr	*December*
...oed	*...years old*
erbyn dydd Gwener	*by Friday*
hapus	*happy*

dechrau →

O ble mae whisgi'n dod?

Ydy Kylie Minogue yn dod o Gymru?

O ble dych chi'n dod yn wreiddiol?

Dych chi'n mynd i'r gwaith fory?

Ble wyt ti'n mynd dydd Sadwrn?

Beth yw They're not going to Porthcawl yn Gymraeg?

Ydy pawb yn eich teulu chi'n brwsio eu dannedd bob nos?

Mab pwy yw Sean Lennon?

Trac adolygu

Beth yw enw eich tiwtor chi?

Rhiant pwy dych chi?

Beth yw dy enw di, dy rif ffôn di, a dy gyfeiriad di?

Beth yw Whose car is that? yn Gymraeg?

Imagine your neighbours have just come in. Introduce your partner and family members, using **Dyma ei...**

Ydy eich plentyn chi wedi bwyta ei frecwast / ei brecwast heddiw?

Dwedwch yn Gymraeg: his child, her child his dad, her dad his cat, her cat

Give three commands using **dy.**

Ydy eich plant chi yn yr ysgol nawr?

Ble mae dy ffôn symudol di?

Faint yw dy oedran di?

How old are you?

Themâu: y teulu, rhifo, dathliadau, amser
Themes: family, counting, celebrations, time

Content:

- *age and birthdays*
- *months of the year*

1.

Faint yw dy oedran di?	*How old are you?*
Faint yw eich oedran chi?	
Faint yw oedran y babi?	*How old is the baby?*
Faint yw oedran dy blentyn di / eich plentyn chi?	*How old is your child?*
Faint yw oedran Eifion?	*How old is Eifion?*
Faint yw ei oedran e?	*How old is he?*
Faint yw ei hoedran hi?	*How old is she?*

2.

	Mae e / hi'n...	*He / she's...*
1	un (oed)	*one (year old)*
2	ddwy (oed)	*two (years old)*
3	dair (oed)	*three (years old)*
4	bedair (oed)	*four (years old)*
5	bump (oed)	*five (years old)*
6	chwech (oed)	*six (years old)*
7	saith (oed)	*seven (years old)*

3.

Ionawr	*January*	Gorffennaf	*July*
Chwefror	*February*	Awst	*August*
Mawrth	*March*	Medi	*September*
Ebrill	*April*	Hydref	*October*
Mai	*May*	Tachwedd	*November*
Mehefin	*June*	Rhagfyr	*December*

nodiadau

■ When expressing age, we are counting years, which are feminine. This means we use **dwy, tair, pedair** for both boys and girls. From 12 on, revert to **dau, tri, pedwar**

■ As when telling the time, remember to soft mutate numbers after **yn / 'n**

■ **Faint yw oedran...?** is used to talk about people and animals only. To talk about buildings, cars etc, we use **Pa mor hen yw...?** (This will be covered at a later level.)

Ymarfer **Faint yw eu hoedran nhw?**

a. Guess the age of these children and adults.
Check whether you were right at the bottom of the page.

> Faint yw oedran Gwern?

> Mae e'n ddwy oed.

 Gwern
 Elin
 Daniel
 Siôn
 Rebecca
 Angharad

 Haydn
 Luned
 Cindy
 Iwan Hedd
 Toby
 Efa

b. Fill in the grid on the right with your own family, following the example. 'Invent' some additional members if you wish. Look at your partner's list, and ask the ages of the people in his/her family.

> Faint yw oedran dy dad di?

> Mae e'n chwe deg wyth.

Enw(au)	Perthynas
Mair	Mam
Bryn	Tad
Gareth, Arthur	Brawd
Sara	Chwaer
Claire, Liz	Cyfnither
Ahmed	Gŵr
Einion, Rhiannon	Plant

Enw(au)	Perthynas

Gwern: 2
Elin: 7
Daniel: 3
Siôn: 16
Rebecca: 45
Angharad: 4
Haydn: 64
Luned: 27
Cindy: 8
Iwan Hedd: 1
Toby: 6
Efa: 2

4.

Enw	Mis eu pen-blwydd

Pryd mae dy ben-blwydd di?	*When is your birthday?*
Pryd mae pen-blwydd dy blentyn di?	*When is your child's birthday?*
Pryd mae pen-blwydd Nic?	*When is Nic's birthday?*
Pryd mae ei ben-blwydd e?	*When is his birthday?*
Pryd mae ei phen-blwydd hi?	*When is her birthday?*
Ym mis Ionawr	*In the month of January*

> Mae pen-blwydd Phil ym mis Chwefror.

Ymarfer

Ask six people when their birthday is, and fill in the grid. Report back to your partner.

Ysgrifennu cardiau

Write a party invitation or a birthday card following the examples. Here are some more party ideas:

- parti pêl-droed
- parti gwisg ffansi
- parti môr-ladron
- parti bowlio deg
- parti peli paent

I Rachel

Dewch i barti pen-blwydd Ifor yn 7 oed!

Mae Ifor yn cael Parti Sinema yn yr Odeon.
Dydd Mawrth 25 Mai
2.00-5.00 y prynhawn

RSVP erbyn dydd Gwener 21 Mai. Diolch yn fawr.

Ffôn: 01798 362774

Pen-blwydd hapus!

Cariad a dymuniadau gorau oddi wrth Pam ac Owen

Happy birthday!

Love and best wishes from Pam and Owen

Deialog

Mae cerdyn wedi dod gyda'r post.

Rhiant: O, edrych! Mae **Ifor** yn cael parti pen-blwydd **saith** oed.

Plentyn: Hwrê! Ga' i fynd, plîs?

Rhiant: Cei, wrth gwrs. Pa anrheg ydyn ni'n mynd i brynu?

Plentyn: Mmm. Cwestiwn da.

Rhiant: Beth am **lyfr coginio**?

Plentyn: O, na! Dyw **Ifor** ddim yn hoffi **coginio** o gwbl. Ond mae e'n hoffi **gwylio ffilmiau**.

 Cân Pen-blwydd hapus

Pen-blwydd hapus i ti!	Dyma anrheg i ti!	Dyma deisen i ti!
Pen-blwydd hapus i ti!	Dyma anrheg i ti!	Dyma deisen i ti!
Pen-blwydd hapus i **Emyr**!	Dyma anrheg i **Emyr**!	Dyma deisen i **Emyr**!
Pen-blwydd hapus i ti!	Dyma anrheg i ti!	Dyma deisen i ti!

Geirfa Uned 30

fflat	*a flat*
ysgrifenyddes	*secretary (female)*
cwmni	*a company, company*
y golch	*the washing*
popeth	*everything*
syniad	*idea*
dechrau	*to start*
edrych ar ôl	*to look after*
ardderchog	*excellent*
priod	*married*
ar hyn o bryd	*at the moment*
cyn …	*before …*
cyn bo hir	*before long, soon*
eleni	*this year*
fel arfer	*usually*
tan	*until*
wedyn	*then, afterwards*
weithiau	*sometimes*
(y) llynedd	*last year*
bant â ni	*off we go*

Diwedd Mynediad 1

End of Entry Part 1

Themâu: y teulu, teithio, y cartref, anifeiliaid
Themes: family, travel, home, animals

Content:

- *reading*

- *speaking*

- *revision*

Y Teulu Dubois

Dyma Elinor, fy chwaer, a'i gŵr, Pierre. Maen nhw'n briod ers y llynedd. Maen nhw'n byw mewn fflat fawr yn Abertawe, ac mae tri o blant gyda nhw. Ysgrifenyddes yw Elinor, ond dyw hi ddim yn gweithio ar hyn o bryd. Mae hi'n edrych ar ôl y plant. Elen, Léon a Jacques yw eu henwau nhw; mae Elen yn saith oed, Léon yn dair, a Jacques yn naw mis. Mae Elinor yn gobeithio dechrau gweithio eto cyn bo hir.

Mae Pierre yn gweithio i gwmni teledu yn Llanelli, ac mae e'n mwynhau'r gwaith yn fawr. Mae'r bobl yn y gwaith yn llawer o hwyl. Dyn camera yw Pierre, ond dyw e ddim yn gweithio ar y penwythnos.

Mae llawer o waith i wneud yn y tŷ, ac mae Elinor a Pierre yn blino. Fel arfer, Elinor sy'n coginio, ond mae Pierre yn helpu gyda'r siopa, y golch a'r glanhau. Ar ôl gorffen popeth, maen nhw'n edrych ar y teledu, wedyn maen nhw'n mynd i'r gwely.

Bob dydd Sadwrn, mae Elinor, Pierre a'r plant yn hoffi mynd i'r Mwmbwls am dro. Weithiau, pan mae'r tywydd yn braf, maen nhw'n cael hufen iâ yn y caffi yno.

Mae Pierre, Elen a Léon yn hoffi mynd i weld y rygbi, ac maen nhw'n canu Sosban Fach cyn y gêm. Dyw Elinor ddim yn hoffi chwaraeon, ond mae hi'n hoffi canu, ac mae hi'n gallu canu'r piano'n dda. Dyw Jacques ddim yn gallu gwneud dim byd eto, achos mae e'n fach, ond mae e'n hoffi gwrando ar ei fam, ei dad a'i chwaer yn canu (maen nhw'n meddwl!).

Sgwrsio

Tell your partner about your own family, or a family you know. Use these questions as a guide.

1. Beth yw eu henwau nhw?
2. Faint yw eu hoedran nhw?
3. Oes plant gyda nhw?
   Os oes, sawl plentyn sy gyda nhw?
4. Ydy'r plant yn mynd i'r ysgol?
   Os ydyn nhw, i ba ysgol?
5. Beth yw gwaith y rhieni?
6. Ydyn nhw'n gweithio ar hyn o bryd?
   Os ydyn nhw, ble?
7. Pwy sy'n gwneud y coginio, y gwaith tŷ ac ati?
8. Beth maen nhw'n hoffi wneud ar y penwythnos?
9. Beth dyn nhw ddim yn hoffi wneud?
10. Ydyn nhw'n hoffi chwaraeon?
    Beth am gerddoriaeth?

Gwyliau

Y Rhyl

Edrychwch ar y lluniau. Siaradwch am wyliau'r teulu Dubois.

Ble maen nhw'n mynd?   Sut maen nhw'n mynd?
Ble maen nhw'n aros?   Sut mae'r tywydd?
Beth maen nhw'n wneud?   Beth maen nhw'n fwyta?

Beth amdanoch chi?

Dych chi wedi bod yn y Rhyl?

Ble dych chi'n hoffi mynd?

Sut dych chi'n mynd ar wyliau fel arfer?

Oes carafán gyda chi?

Beth dych chi'n hoffi wneud?

Beth dych chi'n fwyta?

Dych chi fel arfer yn cael tywydd da?

Ble dych chi'n mynd eleni?

Wyt ti wedi bod yn . . . ?

Ffrainc	yr Alban	America	Iwerddon	yr Almaen	Canada
Sbaen	Japan	Awstralia	yr Eidal	y Swistir	Affrica
Corea	De America	yr India	Denmarc	Indonesia	Hwngari

Y cartref Mae llawer o anifeiliaid anwes gydag Elen a Léon!

*(Do you remember whether these animals are feminine or masculine?
You can check in the vocabulary index at the end of the book.)*

Faint o anifeiliaid sy gyda'r plant?
Sawl anifail sy yn ystafell Elen?
Sawl un sy yn ystafell Léon?
Pa anifeiliaid dych chi'n gweld, a sawl un?

Cover the page, and ask the questions again.

Eich teulu chi

Oes anifail anwes gyda'ch plant chi?
Os oes, beth sy gyda fe / hi / nhw? Sawl un?
Pa liw yw'r anifail / anifeiliaid?

Ask questions about the animals:

Ble mae **cath Elen**?   Ble mae **gwiwer Léon**?
Beth yw enw **ci Léon**?   Oes **ci** gyda **Elen**?
Oes llawer o **fwncïod** gyda **Léon**?   Pa liw yw'r **pysgod**?

Deialog

**Mae Mam / Dad yn dod adre ar ôl
gwers olaf cwrs Mynediad 1.**

Rhiant: Hwrê! Dw i wedi gorffen y cwrs Cymraeg.

Plentyn: Hei, gwych! Llongyfarchiadau.
          Pryd mae'r un nesa'n dechrau?

Rhiant: Dim tan fis **Medi**.

Plentyn: Wel, beth am fynd i **Langrannog** yn yr haf?

Rhiant: Dyna syniad ardderchog.

Plentyn: Ie. Mae pawb yn siarad Cymraeg bob dydd
          yn **Llangrannog**.

Rhiant: Iawn, 'te. **Llangrannog**, dyma ni'n dod!

Plentyn: Hwrê! Bant â ni!

 Cân Hwyl fawr, ffrindiau
Tôn: *Nice one, Cyril*

Hwyl fawr, ffrindiau	Pob hwyl, ffrindiau	Ffarwél, ffrindiau
Hwyl fawr, ffrindiau	Pob hwyl, ffrindiau	Ffarwél, ffrindiau
Hwyl fawr, ffrindiau	Pob hwyl, ffrindiau	Ffarwél, ffrindiau
Mae'n amser dweud hwyl fawr.	Mae'n amser dweud hwyl fawr.	Mae'n amser dweud hwyl fawr.

Cytgan *Chorus*:
Twdl-ŵ a bant â ni, bant â ni, bant â ni,
Twdl-ŵ a bant â ni, mae'n amser dweud hwyl fawr.

Eitem	Saesneg	Uned	Eitem	Saesneg	Uned	Eitem	Saesneg	Uned
a, ac	and	1	aros am	to wait for	14	bob	each, every	20
ac ati	and so on	30	arth	bear	18	bocs	box	15
ac, a	and	1	asyn	donkey	11	bore	morning	1
actor/actores	actor (male/female)	4	ateb	answer, to answer	Y	bowlio deg	ten-pin bowling	6
adre	home(wards)	19	athrawes/athro	teacher (female/male)	4	braf	fine	13
afal	apple	7	atig	attic	21	brawd	brother	16
allan, mas	out	5	Awst	August	29	brechdan(au)	sandwich(es)	2
allwedd(i)	key(s)	18	awyren	aeroplane	17	brecwast	breakfast	Y
am	for, about	3	baban	baby	11	bresych	cabbage	26
amgueddfa	museum	23	babi	baby (informal)	29	brown	brown	28
amser	time	Y	bach	small, little	20	brwsh(ys) paent	paintbrush(es)	21
amser sbâr	spare time	18	bachgen	boy	Y	brwsio	to brush	25
angel	angel	11	bacwn	bacon	7	brysio	to hurry	9
anghenfil	monster	24	bag	bag	15	bugail	shepherd	11
anghofio	to forget	25	bale	ballet	23	bwrdd	table	28
anifail anwes	pet	18	banc	bank	23	bwrw eira	to snow	13
anodd	difficult	10	bant â ni	off we go	30	bwrw glaw	to rain	13
anrheg	gift, present	11	bara	bread	7	bws	bus	7
anti	auntie	16	beic	bike	5	bwyta	to eat	3
ar	on	15	bendigedig	wonderful	13	bwyta allan	to eat out	22
ar bwys	by (next to)	15	benthyg	to borrow, to lend	13	byji	budgie	18
ar hyn o bryd	at the moment	30	beth am...?	what about...?	26	cacen siocled	chocolate cake	2
ar ôl	left, remaining	19	bihafio	to behave	9	cadair	chair	17
ar ôl	after	23	bin	bin	15	cadw	to keep	5
arall	other, another, else	18	bisged(i)	biscuit(s)	7	cael	to have, to get	6
archfarchnad	supermarket	22	ble?	where?	Y	caffi	café	23
ardderchog	excellent	30	blino	to get tired	30	calon	heart	20
arian	money	18	bloc(iau) pren	wooden block(s)	9	camera	camera	15
arlunydd	artist	4	blwyddyn	year	11	canu	to sing/play	7
aros	to wait, to stay	9	blwyddyn	year	20		(instrument)	

Eitem	Saesneg	Uned	Eitem	Saesneg	Uned	Eitem	Saesneg	Uned
car	car	15	crempogen	pancake	19	dannedd	teeth	27
carafán	caravan	18	cryno-ddisg(iau)	CD(s)	18	darllen	to read	5
cardigan	cardigan	21	crys	shirt	24	dathlu	to celebrate	11
carped	carpet	15	crys(au) T	t-shirt(s)	21	dau	two	Y
caru	to love	25	cwestiwn	question	10	dawnsio	to dance	3
casáu	to hate	22	cwmni	a company, company	30	dawnsiwr	dancer	4
castell	castle	18	cwpwrdd	cupboard	15	dechrau	to start	30
cath	cat	15	cwrdd â	to meet	5	defnyddio	to use	14
cawl	soup (Welsh broth)	2	cwrw	beer	12	deg	ten	Y
caws	cheese	2	cwyno	to complain	Y	dere	come (imperative)	Y
ceffyl	horse	18	cyfeiriad	address, direction	27	dewch	come (imperative)	Y
cefnder	male cousin	19	cyfnither	female cousin	19	diddorol	interesting	12
cegin	kitchen	24	cyfri(f)	to count	25	diflas	dull, miserable	13
ceirios	cherries	26	cyfrifiadur	computer	8	digon	enough	8
cerdded	to walk	5	cyfrifiaduron	computers	27	dillad	clothes	9
cerddoriaeth	music	5	cylch	circle	17	dim	no, not, zero	Y
cerdyn	card	11	cylchgrawn, cylchgronau	magazine(s)	20	dim (byd)	nothing	3
ci	dog	17				diod	drink	10
cig	meat	2	Cymraeg	Welsh (language)	3	diolch	thanks, to thank	Y
cinio	lunch	Y	Cymru	Wales	22	doctor	doctor	4
cloc	clock	11	cymylog	cloudy	13	dod	to come	9
cnau coco	coconuts	22	cyn	before	30	doethion	wise men	11
co!	hey!/look!	Y	cyn bo hir	before long, soon	30	dosbarth	class	19
coch	red	17	cynnes	warm	13	drôr	drawer	15
cod post	postcode	27	cyrraedd	to reach, to arrive in	20	dros	over	23
codi	to get up, to pick up	8	cysgu	to sleep	3	drud	expensive	22
cofio	to remember	12	cyw iâr	chicken	12	drws	door	15
coginio	to cook	3	chwaer	sister	16	du	black	17
cogydd	cook	4	..., chwaith	..., either	26	dweud	to say	Y
colli	to lose, to miss	8	chwarae	to play	3	dŵr	water	2
cot	coat	17	chwaraeon	sports, games	6	dyma ti/chi	here you are	Y
cownter	counter	17	chwech	six	Y	dyma...	here is/are...	Y
creision	crisps	12	Chwefror	February	29	dyn	man	11
crempog	pancakes	19	da	good	Y	dyn eira	snowman	11

Eitem	Saesneg	Uned	Eitem	Saesneg	Uned	Eitem	Saesneg	Uned
dysgu	to learn, to teach	3	ffrâm ddringo	climbing frame	6	gwely	bed	15
ddoe	yesterday	12	ffrind	friend	16	gwin	wine	12
e-bost	e-mail	27	ffrindiau	friends	5	gwisg ffansi	fancy dress	29
Ebrill	April	29	ffrog	frock	24	gwisg ysgol	school uniform	25
edrych ar	to look at	3	ffrwyth(au)	fruit(s)	2	gwisgo	to get dressed/ put on/wear	8
edrych ar ôl	to look after	30	Ga' i…?	May I (have) …?	10			
efallai, falle	maybe	15	gallu	can, to be able to	20	gwiwer	squirrel	26
eisiau	to want	Y	galw	to call	25	gwlad	country	22
eistedd	to sit (down)	9	gardd	garden	18	gwlyb	wet	13
eleni	this year	30	garddio	gardening	5	gŵr	husband	16
eliffant	elephant	28	garej	garage	4	gwraig	wife	16
ennill	to win	8	garlleg	garlic	26	gwrando ar	to listen to	5
enw(au)	name(s)	27	gartre	at home	14	gwreiddiol	original	22
erbyn	by (time)	29	gêm	game	3	gwybod	to know	20
ers	since, for	20	gemau bwrdd	board games	6	gwych	great	23
esgid(iau)	shoe(s)	9	gitâr	guitar	21	gwyliau	holidays	23
eto	again, yet	8	glanhau	to clean (up)	7	gwylio	to watch	12
ewythr	uncle	16	glas	blue	17	gwyn	white	17
Faint o…?	How much/many?	19	gobeithio	to hope	20	gwyntog	windy	13
fel arfer	usually	30	gofyn	to ask	10	gwyrdd	green	17
felly	so, therefore	18	golchi	to wash	5	gyda, gydag	with	5
fory, yfory	tomorrow	3	gorffen	to finish	8	gynta(f)	first of all	9
ffair haf	summer fair	27	Gorffennaf	July	29	gyrru	to drive	7
ffeil(iau)	file(s)	27	gormod	too much	19	gyrrwr	driver	7
ffeindio	to find	27	grawnffrwyth	grapefruit	26	haearn smwddio	iron	28
fferm	farm	7	grawnwinen, grawnwin	grape(s)	10	hapus	happy	29
ffermwr	farmer	4				heddiw	today	3
ffilm	film	12	gwaith	work	23	hefyd	as well, too, also	11
fflat	a flat	30	gwaith cartre(f)	homework	8	heini	fit	5
ffôn	telephone	3	gwallt	hair	25	helo	hello	1
ffôn symudol	mobile phone	18	gweddol	so-so, fairly	1	hen	old	20
ffonau symudol	mobile phones	27	gweithio	to work	3	heno	tonight	6
ffonio	to phone	8	gweld	to see	10	het	hat	10
Ffrainc	France	22	gwell	better	21	heulog	sunny	13

Eitem	Saesneg	Uned	Eitem	Saesneg	Uned	Eitem	Saesneg	Uned
hirgrwn	*oval*	17	llysiau	*vegetables*	2	nawr	*now*	16
hufen iâ	*ice cream*	2	llysieuwr/	*vegetarian*	22	neidio	*to jump*	9
Hydref	*October*	29	llysieuwraig			neithiwr	*last night*	12
hyfryd	*lovely*	Y	llythyr	*letter*	14	nesa(f)	*next*	28
iach	*healthy*	12	'ma, yma	*here*	Y	neuadd	*hall*	27
iard ysgol	*school yard*	6	mab	*son*	19	newydd	*new*	11
Iesu Grist	*Jesus Christ*	11	mae'n ddrwg	*I'm sorry*	Y	niwlog	*foggy*	13
ifanc	*young*	20	gyda fi			nofio	*to swim*	5
iogwrt	*yoghurt*	2	Mai	*May*	29	noswaith	*evening*	1
Ionawr	*January*	29	mam	*mother*	16	nyrs/nyrs	*nurse*	4
Iwerddon	*Ireland*	22	maneg, menig	*glove, gloves*	25	o dan	*under*	15
jigso	*jigsaw*	14	mawr	*large, big*	20	o flaen	*in front of*	15
jyngl	*jungle*	16	Mawrth	*March*	29	o gwmpas	*around*	6
lein ddillad	*clothes line*	24	mecanic	*mechanic*	4	o'r blaen	*before, previously*	20
lolfa	*living room*	24	meddwl	*to think*	24	o'r diwedd	*at last*	15
losinen, losin	*sweet(s)*	10	meddyg	*doctor (medical)*	4	oddi wrth	*from (a person)*	11
lwcus	*lucky*	18	Medi	*September*	29	...oed	*...years old*	29
llaeth	*milk*	2	mefus	*strawberries*	26	oedran	*age*	29
llaw, dwylo	*hand, hands*	25	Mehefin	*June*	29	oen	*lamb*	11
llawen	*merry*	11	melon	*melon*	26	oer	*cold*	13
llawer	*a lot, many*	19	melyn	*yellow*	17	oergell	*refrigerator*	21
llawr	*floor*	24	menyn	*butter*	7	ofnadwy	*terrible*	1
llestri	*dishes*	5	menyw ginio	*dinner lady*	4	omled	*omelette*	10
llew	*lion*	16	merch	*girl, daughter*	19	ond	*but*	9
llithren	*slide*	6	mis(oedd)	*month(s)*	29	os	*if*	20
lliw	*colour*	17	modryb	*aunt*	16	os gweli di'n dda	*please*	Y
lliwio	*to colour (in)*	5	'molchi, ymolchi	*to wash (oneself)*	Y	os gwelwch	*please*	Y
Lloegr	*England*	22	môr-ladron	*pirates*	29	chi'n dda		
llong	*ship*	18	moronen, moron	*carrot(s)*	10	pacio	*to pack*	25
llun	*picture, drawing*	28	mwnci	*monkey*	16	paent	*paint*	10
llyfr	*book*	10	mwynhau	*to enjoy*	23	paid	*don't, stop it*	Y
llyfrau	*books*	15	mynd	*to go*	3		*(imperative)*	
llyfrgell	*library*	23	Nadolig	*Christmas*	11	pan	*when (conjunction)*	13
llygoden	*mouse*	16	naw	*nine*	Y	paned	*cuppa*	10

Eitem	Saesneg	Uned	Eitem	Saesneg	Uned	Eitem	Saesneg	Uned
papur	paper	10	poeth/twym	hot	13	sanau	socks	15
papur(au) newydd	newspaper(s)	21	popeth	everything	30	sbectol haul	sunglasses	21
parc	park	5	popeth yn iawn	everything's fine	25	sboncen	squash (game)	14
parod	ready	Y	porc	pork	12	sbwriel	litter, rubbish	15
partner	partner	26	postio	to post	14	seren, sêr	star(s)	11
pawb	everybody	11	potel	bottle	16	setlo lawr	to settle down	Y
pedwar	four	Y	pren	wood, wooden	9	sgarff(iau)	scarf, scarves	25
peidio	to not do	14	priod	married	30	sgert	skirt	17
peidiwch	don't, stop it (imperative)	Y	problem(au)	problem(s)	25	sgïo	to ski	6
			prynhawn, p'nawn	afternoon	1	sgipio	to skip	3
pêl	ball	3	prynu	to buy	14	sglefrio	to skate	14
pêl-droed	football	3	pump	five	Y	sglodion	chips	6
pêl-fasged	basketball	3	pwdin	pudding	6	sgwâr	square	17
pêl, peli	ball, balls	24	pwll nofio	swimming pool	23	Shwmai!	Hi!	1
peli paent	paintball	29	pwy?	who?	1	siaced(i)	jacket(s)	27
pen-blwydd	birthday	29	pyjamas	pyjamas	25	siarad	to talk	3
pennaeth	boss, headteacher	26	pys	peas	12	sied	shed	21
pennau blwyddi	birthdays	29	pysgod, pysgodyn	fish (plural, sing.)	6	siglen	swing	6
pensil(iau)	pencil(s)	9	pysgota	to fish	7	silff	shelf	15
penwythnos	weekend	23	raced dennis	tennis racket	21	sinema	cinema	23
perffaith	perfect	21	racedi tennis	tennis rackets	21	sioe gerdd	a musical	23
perthnasau	relatives	19	radio	radio	15	Siôn Corn	Santa Claus	11
perthynas	relative	19	reit	right, fine	24	siop	shop	4
petryal	rectangle	17	Rhagfyr	December	29	siopa	to shop	5
piano	piano	14	rhaglen	programme	10	si-so	see-saw	6
picen	welshcake	12	rhain, y rhain	these	20	siwmper	jumper	24
pigo	to pick, to sting	24	rhedeg	to run	3	siŵr	sure	12
plant	children	4	rhiant, rhieni	parent, parents	16	sled	sledge	14
plentyn	child	27	rhif	number	22	sliperi	slippers	15
plîs	please	Y	rhiwbob	rhubarb	10	smwddio	to iron	5
plismon	policeman	4	rholiau bara	bread rolls	10	sori	sorry	Y
plismones	policewoman	4	rhywbeth	something	20	sosej	sausage	10
pobl	people	20	saith	seven	Y	stabl	stable	11
poced	pocket	21	salad	salad	12	stamp(iau)	stamp(s)	14

Eitem	Saesneg	Uned	Eitem	Saesneg	Uned	Eitem	Saesneg	Uned
stiwdio	studio	4	tŷ bwyta	restaurant	4		back, ago	
stôl	stool	15	tyfu	to grow	22	yn wreiddiol	originally	22
stopio	to stop	9	un	one	Y	...-yng-nghyfraith	...-in-law	28
stori	story	6	uwd	porridge	12	yno ('na)	there	26
stormus	stormy	13	wedi blino	tired	1	yr Alban	Scotland	22
sudd oren	orange juice	2	wedyn	then, afterwards	30	yr Almaen	Germany	22
swper	supper	6	weithiau	sometimes	30	yr Eidal	Italy	22
sych	dry	13	whisgi	whisky	28	ysbyty	hospital	4
sychu	to dry, to wipe	25	wncwl	uncle (informal)	16	ysgol	school	4
syniad	idea	30	ŵy	egg	2	ysgrifennu	to write	6
tabled(i)	tablet(s)	27	ŵy wedi'i ffrïo	fried egg	26	ysgrifenyddes	secretary (female)	30
Tachwedd	November	29	ŵy/wyau Pasg	Easter egg/eggs	27	ystafell haul	conservatory	24
tacluso	to tidy up	6	wyneb(au)	face(s)	25	ystafell 'molchi	bathroom	24
tacsi	taxi	7	winwns	onions	26	ystafell wely	bedroom	9
tad	father	16	wyth	eight	Y			
talu	to pay	10	wythnos nesa(f)	next week	23			
tan	until	30	y golch	the washing	30			
tatws	potatoes	2	y rhain	these	20			
te	tea	Y	y Swistir	Switzerland	22			
tegan(au)	toy(s)	9	y, yr	the	3			
teisen(nau)	cake(s)	17	y llynedd/llynedd	last year	30			
teledu	television	3	ychydig	a little	19			
teulu	family	18	yfed	to drink	3			
tocyn	ticket, token	11	yfory, fory	tomorrow	3			
tost	toast	2	yma ('ma)	here	26			
treiffl	trifle	12	ymlacio	to relax	14			
trên	train	15	ymlaen, 'mlaen	forwards, on	10			
tri	three	Y	ymolchi, 'molchi	to wash oneself	7			
triongl	triangle	17	yn	in	3			
tro	a walk, a turn, a time	3	yn aml	often	22			
trowsus	trousers	25	yn araf	slowly	9			
trwyn	nose	25	yn barod	already, ready	8			
tŷ	house	3	yn gyflym	quickly	9			
tŷ bach	toilet	8	yn ôl, 'nôl	backwards,	10			

Canllaw treiglo

Mutation guide

		Meddal *Soft*	Trwynol *Nasal*	Llaes *Aspirate*
p	→	b	mh	ph
t	→	d	nh	th
c	→	g	ngh	ch
b	→	f	m	
d	→	dd	n	
g	→	-	ng	
ll	→	l		
m	→	f		
rh	→	r		

Termau Gramadegol
Grammatical Terms

berf

A **verb** (*berf*) is an action, such as run, sit, eat – or a state of being, such as live, like, sleep, be.

enw

A **noun** (*enw*) is a thing, or a person, which can often be seen or touched – cat, table, house (some of them can't: birthday, happiness). Nouns can often be counted.

ansoddair

An **adjective** (*ansoddair*) describes a noun – hot, expensive, green.

arddodiad

A **preposition** (*arddodiad*) shows how things relate to each other in space, time, movement etc – in, on, under, after, through.

Rheol *Rule*	Esiampl *Example*	Saesneg *English*	Uned *Unit*

Treiglad Meddal *Soft Mutation*

Mutate EVERYTHING after...

Rheol *Rule*	Esiampl *Example*	Saesneg *English*	Uned *Unit*
1. these prepositions:			
ar	ar **g**adair	*on a chair*	15
(o) dan	(o) dan **f**wrdd	*under a table*	15
o	o **D**refforest	*from Treforest*	22
i	i **R**uthun	*to Ruthin*	23
2. *dy* (your) and *ei* (his)	dy **f**rawd (di)	*your brother*	25
	ei **b**abell (e)	*his tent*	26
3. *neu* (or)	Coffi neu **d**e?	*Coffee or tea?*	22
	Mynd neu **dd**od?	*Coming or going?*	
4. *dyma/dyna*	Dyma **l**ew	*Here's a lion*	3
	Dyna **dd**a!	*That's good!*	2
5. *dau/dwy*	Dau **g**i, dwy **g**ath	*Two dogs, two cats*	16

Mutate ANY NOUN...

6. after *yn* (unless it begins with *ll* or *rh*)	Dw i'n **f**erch	*I'm a girl*	17
7. when it's the object of a short-form verb	Ga' i **f**anana?	*Can I have a banana?*	10

Mutate a FEMININE NOUN after...

8. *un*	un **b**ont	*one bridge*	16
9. *y, yr, 'r*	y **f**erch	*the girl*	23

Mutate an ADJECTIVE after...

10. *yn*	Mae hi'n _wyntog	*It's windy*	13
11. a feminine noun	Desg **f**ach	*A small desk*	17

Treiglad Llaes *Aspirate Mutation*

1. Mutate after *ei* (her)	ei **ph**wrs (hi)	*her purse*	27

Ymadroddion defnyddiol

Useful phrases

Dim	0	(uned 1)
Un	1	
Dau	2	
Tri	3	
Pedwar	4	
Pump	5	
Chwech	6	
Saith	7	
Wyth	8	
Naw	9	
Deg	10	

Plîs	*Please*
Os gweli di'n dda*	*Please**
Os gwelwch chi'n dda*	*Please**
Diolch yn fawr	*Thank you very much*
Dyma ti/chi*	*Here you are**
Mae'n ddrwg gyda fi/Sori	*I'm sorry*

Amser codi!	*Time to get up!*
Amser 'molchi!	*Time to get washed!*
Amser gwisgo!	*Time to get dressed!*
Amser brecwast!	*Breakfast time!*
Amser cinio!	*Lunchtime!*
Amser te!	*Teatime!*
Amser swper!	*Suppertime!*
Amser tacluso!	*Time to tidy up!*
Amser gwely!	*Bedtime!*

Wyt ti eisiau **cwtsh**?*	*Do you want **a cuddle**?**	(uned 2)
Ydw, plîs	*Yes, please*	
Dim diolch	*No, thanks*	

Beth wyt ti'n wneud nawr?*	*What are you doing now?**	(uned 2)

Ga' i **fanana**?	*Can I have **a banana***	(uned 10)

Wyt ti wedi cael bath?*	*Have you had a bath?**	(uned 8)
Wyt ti wedi cael digon?*	*Have you had enough?**	
Wyt ti wedi gorffen?*	*Have you finished?**	
Ydw/Nac ydw	*Yes, I have/No, I haven't*	
Ydyn/Nac ydyn	*Yes, we have/No, we haven't*	

Ble mae dy **fag** di?	*Where's your **bag**?**
Ble mae'ch **menig** chi?	*Where are your **gloves**?**

Da iawn ti/chi*	*Well done**
Dyna hyfryd!	*That's lovely!*
Dyna wych!	*That's brilliant!*

Paid! Peidiwch!*	*Don't!**	(uned 14)
Dere 'ma, cariad*	*Come here, love**	(uned 9)
Dewch 'ma*	*Come here**	
Setla lawr, nawr*	*Settle down, now**	
Setlwch lawr, nawr*	*Settle down, now**	
Stopia! Stopiwch!*	*Stop!**	
Bihafia! Bihafiwch!*	*Behave!**	

Dim cwyno!	*No complaining!*
Dim ateb nôl!	*No answering back!*
Dyna ddigon, nawr	*That's enough, now*
Dw i ddim yn dweud eto	*I'm not saying again*

Wyt ti'n barod?*	*Are you ready?**

Rwyt ti'n ferch dda*	*You're a good girl**
Rwyt ti'n fachgen da*	*You're a good boy**
Dych chi'n blant da*	*You're good children**
Dw i'n dy garu di*	*I love you**
Dw i'n eich caru chi*	*I love you**

Co! / Yli!	*Look!*

*Unit 1 explains the difference between *ti/di* and *chi*